Henns lustige Weinschule

W0383695

Für Hagen –
Kupferstecher, Trauzeuge, Humorist,
Strafraum-Wühler, Whiskyjünger, Filmlexikon, Rock´n Roller,
wahrer und trinkfester Freund

Carsten Henn

Henns lustige Weinschule

Bassermann

Der Text dieses Buches entspricht den Regeln der
neuen deutschen Rechtschreibung

ISBN-10: 3-8094-1983-4
ISBN-13: 978-3-8094-1983-9

© 2006 by Bassermann Verlag, einem Unternehmen der
Verlagsgruppe Random House GmbH, 81673 München

Die Verwertung der Texte und Bilder, auch auszugsweise, ist ohne die Zustimmung des Verlags urheberrechtswidrig und strafbar. Dies gilt auch für Vervielfältigungen, Übersetzungen, Mikroverfilmung und für die Verarbeitung mit elektronischen Systemen.

Idee und Konzeption:
ABC MEDIENAGENTUR Miriam Schmidt, Augsburg
Layout, Illustrationen: Büro 25, Augsburg
Umschlaggestaltung: Norbert Pautner, München
Druck und Bindung: GGP Media GmbH, Pößneck

Dieses Buch ist auf GalerieBook cream 90g/
1,8 fach von m-real Kyro Paper gedruckt.
Geliefert von Schneidersöhne München.

Printed in Germany

817263544536271

Inhalt

Vorwort

Herzlich willkommen zu „Henns lustige Weinschule"! In diesem Buch sind alle Informationen enthalten, die Sie brauchen, damit Ihr Unwissen und Ihre Unfähigkeit, einen guten Wein von einem Eimer Spülwasser zu unterscheiden, niemals auffallen.
Glauben Sie nicht, eine Weinprobe sei ein netter Abend. Glauben Sie nicht, es ginge um Wein. Um Wein geht es am allerwenigsten. Es geht um Weinwissen. Eine Weinprobe ist nichts anderes als ein Stierkampf. Die Frage ist nicht wirklich, ob der Stier gut oder schlecht ist, denn am Ende erwischt es den armen Burschen sowieso. Die Frage ist: Welcher Matador erlegt ihn? Und wie kunstvoll? Treffen Sie mit Ihren Lanzen daneben, werden die anderen Stierkämpfer über Sie lachen und einer der ihren wird vortreten, um das Tier selbst zur Strecke zu bringen. Sie dürfen sich keinen Fehler erlauben! Die Ehre ist dahin. Und ein Matador ohne Ehre ist einfach nur ein Mann mit einem doofen Hut und Puschelschuhen. Um Ihnen dieses schreckliche Schicksal zu ersparen, wurde dieses Buch geschrieben. Als Hilfe für Menschen, die keine Zeit haben, um sich eingehend mit Wein zu beschäftigen, oder solche, die einfach ihr Weinwissen zur Schau stellen wollen. Dieses Buch ist von nun an Ihr ständiger Begleiter auf Weinproben und -reisen. Es will Ihnen ein Freund sein, ein Ratgeber, ein Mentor. Und es bewahrt Ihr Geheimnis sicher: Sie sind ein Hochstapler. Und nach der Lektüre dieses Buches sogar ein guter!

In vino veritas

Carsten Sebastian Henn

Das unerlässliche Grundwissen

Was ist Wein?

Wein ist Wasser. Fast. Deshalb ist Jesus' biblische Wandlung auch gar keine große Sache. Das könnten Sie auch – mit einem kleinen Tütchen. In diesem sollte vor allem Alkohol sein. Wenn Sie die Stimmung kaputtmachen – und zugleich gebildet erscheinen – wollen, sollten Sie anmerken, dass Wein chemisch betrachtet Äthylalkohol in einer wässrigen Lösung, bestehend aus Zucker, Säure, Estern und Laktaten ist. Prozentual sieht es ungefähr so aus: 83% Wasser, 12% (in letzter Zeit eher 15%) Alkohol, 1% Glycerin, 1% Fructose (Fruchtzucker), knapp 1% Säure, ein bisschen anderer Kram und gerade einmal 0,001% Bouquet- und Aromastoffe. Diese Zahl sollten Sie sich merken! Falls Sie nur eine begrenzte Anzahl an Nummern speichern können, dann löschen Sie Ihr Alter. Der lächerliche Prozentsatz von 0,001% ist für fast alles (außer dem Alkohol) zuständig , das Menschen am Wein so lieben.

Kann man das trinken?

Im Prinzip, ja. Manche (vor allem die Weinindustrie) behaupten sogar, es wäre gesund. Wofür genau? Für eigentlich alles. Vor allem aber das Herz wird stets gerne herangezogen. Männer sollten jeden Abend zwei Gläser Wein trinken, Frauen nur eins, was weniger chauvinistische denn biologische Gründe hat. Aber wer trinkt Wein schon der Gesundheit zuliebe? Mit solchen Leuten sollten Sie sich nicht unterhalten. Das ist einfach der falsche Grund. Wein sollte trinken, wer seinen sozialen Status verbessern will oder ein Hobby braucht, über das sich gut dozieren lässt. Wollen Sie wirklich Kranke in Ihrer Weinrunde? Sollten die nicht lieber irgendwo ordentlich kuren?

Um auf die Ausgangsfrage zurückzukommen: Wein darf getrunken werden, meist ist dies nicht schädlich, wobei Alkohol natürlich ein Nervengift ist, das manchmal, bei ausgiebigem Konsum, zu langfrissigen Schäääädn fün kahn.

Ab wie viel fällt man tot um?

Nun, probieren Sie es aus. Das ist bei jeder Person unterschiedlich. Sollten Sie es schaffen, schreiben Sie an den Verlag.

Was ist der Unterschied zwischen Rot- und Weisswein?

Die Farbe. Natürlich gibt es noch andere Unterschiede. So wird weißer Wein anders hergestellt als roter. Hier das Wichtigste in Kürze: Fast alle Weintrauben haben durchsichtigen Fruchtsaft. Auch die roten! Die Farbe kommt durch Kontakt des Mostes mit den roten Traubenhäuten in den Wein, denn dort stecken die Farbstoffe und zudem noch Tannine (Gerbstoffe), die manche Rotweine so komisch pelzig machen. Das sollte jetzt an Wissen reichen. Schließlich wollen Sie ein wenig mehr wissen als ein stinknormaler Weinkenner.

Vergessen Sie jetzt, was Sie gerade über Rot- und Weißwein erfahren haben. Denn über dieses Thema sollten Sie nie nie nie reden. Jeder Weinkenner geht davon aus, dass der andere darüber Bescheid weiß. Schneiden Sie diesen Themenkomplex an, outen Sie sich als Anfänger, der gerade erst drauf gestoßen ist. Dann ist es vorbei: Lizenzentzug, Abstieg, Re-Amateurisierung.

Witzig ist: Viele Weinkenner, -journalisten und -kritiker können ohne hinzuschauen Rot- nicht von Weißwein unterscheiden. Das ist kein lapidarer Spruch, sondern die Wahrheit. Versuche mit undurchsichtigen Gläsern haben es bewiesen. Natürlich gibt es Weine, die klar zuzuordnen sind, aber eben auch viele andere. So sieht es aus!

Kann man Wein zum Essen trinken?

Man kann Wein auch zum Origami trinken. Wein kann man eigentlich immer trinken, es sei denn, man trinkt gerade etwas anderes. Als Wein-Liebhaber sollten Sie Ihren Gästen stets Wein servieren, zu jedem Gang sowie als Aperitif und Digestif. Es gibt dicke Bücher darüber, welchen Wein Sie mit welchem Gericht kombinieren sollten. Um sich nicht zu blamieren, sollten Sie zu jedem Gang zwei verschiedene Weine anbieten, so dass sich jeder selbst ein Urteil bilden kann. So machen Sie nichts falsch, haben Spaß dabei und am Ende des Abends eine strunzbesoffene Runde. Lesen Sie außerdem das entsprechende Kapitel in diesem Buch („Wein und Speisen“).

Kann ich meine Kinder am Wein nippen lassen?

Wieso nicht? Lassen Sie Ihre Kinder auch direkt an Ihrer Zigarette ziehen und drücken Sie Ihnen ein Pornoheft in die Hand. Die Jugend kann die deutsche Wirtschaft nicht früh genug ankurbeln. Tun Sie was für Ihr Land!

Darf ich Wein mit anderen Getränken mischen?

Unter keinen Umständen. Stellen Sie sich vor, Wein explodiert, wenn Sie ihn verunreinigen. So lässt sich das gut merken. Die Wahrheit ist: Egal, was Sie in den Wein kippen, Sie bringen ihn damit um. Die Feinheiten eines Weines, seine Ausgewogenheit, seine Persönlichkeit, sind futsch. Da ist es egal, ob Sie Cola nehmen, Orangensaft oder Hühnerbrühe. In den Wein wird nichts hineingeschüttet! Auch keine Eiswürfel. Auch nicht, wenn sie aus Wein sind. Nur geistige Nichtschwimmer tun so etwas, Sie nicht! Dies ist ein absolutes „Nein“ ohne Ausnahme!

Wird es teuer für mich, ein guter Weinkenner zu werden?

Tja, das ist ein wunder Punkt. Um ein wirklich großer Weinkenner zu werden, also einer, der auch internationale Jurys beeindrucken kann, braucht es schon ein paar extravagante Flaschen im Weinkeller. Billiger kriegen Sie es mit dieser Ausrede:
„Tut mir Leid, aber mein Weinkeller befindet sich außerhalb. Dort habe ich einen voll klimatisierten Natursteinkeller angemietet, in dem die Flaschen ideal lagern" (Näheres dazu im Kapitel „Grundausstattung für Sie").
Dann reichen Ihnen die Weine für den Abend, welche Sie am Morgen aus Ihrem „tollen Keller" (den es natürlich nicht gibt) geholt haben. Wenn es geht, sollten Sie ein Foto von diesem irgendwo auffällig unauffällig hängen haben. Nehmen Sie dafür einfach die Anzeige einer Firma, die Weinkeller installiert. Diese werben gerne in entsprechenden Fachmagazinen.
Wie teuer so ein Abend wird, bestimmen also Sie. Machen Sie dies vom Gegenüber und dessen vermutlicher Wein-Kompetenz abhängig. Ebenso wichtig ist, welches Ziel der Abend hat. Treffen Sie also Geschäfts-, Sozial-, oder Sexualpartner? Nehmen Sie eine Skala von 1-10 und tragen Sie den Wert des Zieles ein, dann nehmen Sie dieses mal 10 und erhalten so einen Euro-Richtwert, der gerne über-, aber nie unterschreitbar ist. Sollten Sie also ein äußerst attraktives Exemplar des anderen Geschlechts treffen, mit dem Sie gerne in die Kiste springen würden und hinterher einen tollen Geschäftsabschluss mit deren / dessen Firma hätten und mit der Person außerdem im weiteren Verlauf Ihres Lebens noch öfter zum Tennisspielen gehen wollen, dann bedeutet dies auf allen drei Skalen eine 10. Also 3 x 10 x 10 – unter 300 Euro spielt sich nix ab. Ihre Entscheidung.

Darf ich denn wenigstens ein klitzekleines bisschen Spass mit Wein haben?

Nein. Sie lieben ja auch nicht zum Spaß Wein!

Die neun goldenen Regeln

Die erste und allerwichtigste Regel für alle Weinkenner ist:

1 Trinken Sie niemals und auf gar keinen Fall Wein!

Dann werden Sie unaufmerksam und machen Fehler! Lassen Sie die anderen lieber den giftigen Alkohol vernichten und brillieren sie von Glas zu Glas mehr, wenn die anderen abbauen. Privat können Sie sich, wenn es denn sein muss, auch mal ein kleines Glas genehmigen. Aber achten Sie tunlichst darauf, dass Sie allein in einem fensterlosen Raum sind!

2 Reden Sie stets mit der Nase im Glas!

Das sieht zwar wenig vorteilhaft aus und vergrößert aus ungünstigem Blickwinkel auch Ihr Riechorgan maßgeblich, unterstreicht aber Ihren gewissenhaften Ansatz. Sie sind immer ganz nah an den Dingen dran, nichts lenkt Sie ab. Es muss aussehen, als hätte sich Ihre Nase im Glas auf schmerzhafte Weise verkeilt. Zeigen Sie allen, mit welchem Ernst Sie bei der Sache sind! Sie kennen keinen Schmerz! Schließlich geht es nicht darum, nett ein Glas Wein zu trinken. Hier wird gearbeitet!

3 Üben Sie Weinausspucken aus grossen Höhen und treffsicher!

Nichts ist peinlicher, als den guten Latour gleichmäßig auf dem dreifach geknüpften Perser-Teppich Ihres Gastgebers zu verteilen. Üben Sie (zu Hause!) mit Wasser in Ihren Zahnputzbecher, bis der Gaumen schmerzt. Es lohnt! Auch praktisch ist der Wassernapf Ihrer Katze oder Ihres Hundes. Sie sollten allerdings prüfen, in welcher Laune Ihr Schoßtier ist, bevor Sie in seinen Napf spucken. Manche Tiere können einem das unverständlicherweise übel nehmen.

4 Machen Sie sich stets Notizen, die niemand lesen kann!

Notizen wirken kennerhaft. Schreiben Sie jedoch um Gottes Willen niemals deutlich! Wenn Sie das nämlich machen, geben Sie anderen Gelegenheit, Ihre Meinung zu kritisieren. Schreiben Sie deshalb extrem unleserlich, es sollte allerdings noch als mitteleuropäische Schriftsprache erkennbar bleiben. Je mehr Sie schreiben, umso besser. Verteilen Sie keine Noten – die lassen sich nämlich bei jeder noch so akademischen Handschrift erkennen. Bei einer Eins kann man einfach nicht so viel falsch machen wie nötig. Weinkenner fachsimpeln gerne über Punktzahlen für Weine. Das ist eine Falle! Behaupten Sie, es wie der große Weinkritiker Hugh Johnson zu halten: Wein ließe sich nur beschreiben, aber nicht bewerten. Hugh Johnson zu erwähnen klingt immer gut. Die anderen werden Sie in Ruhe lassen und sich gegenseitig zerfleischen, bis Sie am Ende des Abends als Einziger noch vollständig erhalten sind.

5 Lernen Sie rudimentär Französisch und Italienisch!

Mit dieser Allzweckwaffe können Sie jeden Falschbetoner verbessern, der Ihnen in die Parade fährt. Und Falschbetoner sind immer ausreichend vorhanden. Wenn jemand die korrekte Aussprache ausnahmsweise mal korrekter wissen sollte als Sie, behaupten Sie einfach, die Leute vor Ort würden es aber anders aussprechen, und auf die käme es schließlich an. Ziehen Sie dann übel und rücksichtslos über denjenigen her, der meinte es besser zu wissen. Zum Beispiel mit „Es heißt ja auch Refrain und nicht Refräng, nicht wahr?“, oder noch besser (weil dies auch Ihre kulinarischen Qualitäten herausstellt): „Das ist ja gerade so, als würde man zur Wustersauce Worschesterscheier sagen, also bitte. Trinken kann einen teuren Wein selbst eine Kuh, aber als Mensch sollte man ihn zumindest auch korrekt aussprechen können!“ Entweder bekommen Sie danach einen satten Schlag ins Gesicht, oder Sie haben den dreisten Besserwisser ein für alle Mal zurechtgestutzt. Sollte dies der Fall sein, machen Sie sich keine Gedanken um seine psychische Stabilität. Selbst wenn es von dieser Demütigung an bei der Person im Bett nicht mehr klappen sollte, Job, Auto und Ferienhaus in der Toskana verloren gehen – Sie haben Ihr Gesicht wacker bewahrt! Und wenn der Angeber von nun an nicht mehr zu den Proben kommen sollte, zeigt das nur wieder einmal, dass die hohe Kunst des Weines einfach nichts für psychisch Labile ist.

6 Niemals murmeln. Ihr Wissen ist zu wichtig, um überhört zu werden!

Gemurmelt wird nicht! Aus dem Alter sind Sie längst heraus. Außerdem ist jeder gedankliche Furz, den Sie lassen, für alle anderen von großem Wert. Jedes abschätzige „Mhm“, jedes skeptische „Aha“ und auch ein in den Bart gemurmeltes „Was mit dem Wein bloß los ist...“ – falls Sie mal vor dem absoluten Nasen-Nichts stehen – muss in die Welt hinausposaunt werden. Es stammt schließlich von einem ausgewiesenen Fachmann!

7 Scheren Sie sich nicht um Ihre Kleidung!

Aber fühlen Sie sich so, als trügen Sie die Königsrobe. Es ist sogar gut, wenn Sie aussehen wie der verloren gegangene Spross der „Kelly Family". Wenn Sie das tun und sich trotzdem trauen, auf einer Weinprobe zu erscheinen, müssen Sie echt was auf dem Kasten haben! Und wenn Sie jemand nach Ihrem Äußeren befragt, geben Sie sich überlegen: „Ich gebe mein Geld lieber für Wein als für Armani-Jeans aus!"

Übertreiben Sie es aber nicht. Es müssen nicht unbedingt Ihre Handwerkershorts sein oder Ihr abgetragener, nun fast seidendünner brauner Schlafanzug. Ein schlabbeliger ausgewaschener Pullover in einer möglichst unmöglichen Farbe und ungewaschene Haare reichen vollkommen aus. Nur stinken sollten Sie nicht. Das würde Ihnen die Möglichkeit nehmen, den Wein zu riechen, und noch viel schlimmer, es wird verhindern, dass sich andere Menschen so weit an Sie herantrauen, dass Sie diese mit Ihrem Weinwissen und Ihrer Eloquenz beeindrucken können.

8 Sagen Sie niemals zuerst etwas über einen Wein!

Warten Sie immer erst ab, was die anderen sagen. Die ersten Worte sind immer die schwierigsten. Sie meinen, dass es schwer wäre, einen Heiratsantrag zu machen? Mal ehrlich, wie groß ist die Chance, dass man eine Abfuhr bekommt? Wenn man nicht ganz gegen die Wand gelaufen ist, weiß man doch vorher, dass ein „Ja" kommt, sonst fragt man doch gar nicht erst! Die ersten Worte über einen Wein sind dagegen wie die ersten Schritte auf einer alten, klapprigen Holzbrücke über eine 200 Meter tiefe Schlucht im burmesischen Urwald. Es ist mehr als zweifelhaft, ob sie trägt, also schicken Sie doch einfach einen Ihrer Reisebegleiter voraus, Sie sichern derweil den Rückzug ab! Lassen Sie also zuerst jemand anderen etwas sagen.

Und danach halten Sie sich weiterhin geschlossen!

Warten Sie erst ab, wie die Gruppe reagiert. Stimmt diese zu oder vernichtet sie den vorlauten Vorprescher? Erst dann schließen Sie sich an. Spezifizieren Sie – wenn er Zustimmung geerntet hat – die Aussagen des Ersttrinkers, im Sinne von „Ja, das stimmt, aber geht der Wein nicht eigentlich doch eher in eine mehr strukturbetonte Richtung?" Keiner wird Ihnen nun mehr an den Karren pinkeln. Das Urteil über den Wein ist eh längst gefällt und die Frage ist nur noch, wer die einfallsreichste Beschreibung für die Plörre im Glas findet.

9 Fassen Sie zum Schluss die allgemeine Meinung mit anderen Worten zusammen!

Alle werden Ihre Fähigkeit loben, Zusammenhänge auf den Punkt zu bringen. Es ist wie im Mittelalter. Am Ende des Prozesses hat der König – zumindest bei wichtigen Tribunalen, und jeder Weinprozess ist ein wichtiges – das letzte Wort. Er fällt das abschließende Urteil, natürlich immer im Sinne des Volkes, denn Könige wollen schließlich von diesem geliebt werden. Hier kommen Sie ins Spiel. Geben Sie dem Pöbel, was er will. Fassen Sie alle Beschreibungen von Farbe, Geruch und Geschmack zusammen, passen Sie dabei tunlichst auf, keinem Mittrinker auf die Füße zu treten und verkaufen Sie das Ganze als Ihre eigene Meinung. Ab dem nächsten Wein beginnt Ihre Herrscherzeit. Möge sie lang und glanzvoll sein!

DIE GRUNDAUSSTATTUNG FÜR SIE

Der Unterschied des echten Weinkenners zu Ihnen ist, dass Ersterer Geld ausgibt für sein Hobby. Sie dagegen tun nur so, als ob – und sparen auf Eigenheim, Segelflugzeug und eine Insel im Pazifik.

Um ein paar Accessoires kommen Sie aber nicht herum. Falls Gäste kommen, muss alles authentisch wirken. Eine gute Dekantierkaraffe, teure Gläser von einer angesehenen Marke (Weinkenner wissen darüber Bescheid), also Riedel, Schott-Zwiesel oder Spiegelau. Nicht nur für Rot- und Weißwein, sondern für spezielle Rebsorten spezielle Gläser. Da muss Ihr Portemonnaie durch. Dazu kommt noch ein Korkenzieher. Aber nicht irgendeiner. Er muss aussehen, als täten Sie den lieben langen Tag nichts anderes, als Flaschen zu entkorken. Also ein professioneller, der fest an der Arbeitsplatte in der Küche verschraubt wird.

Das reicht.

Sie wollen sich einen Weinkeller zulegen? Sind Sie wahnsinnig? Wissen Sie, was das kostet? Wenn Sie nämlich einen Weinkeller haben, dann muss es auch ein guter, ach was schreib ich, ein exzellenter Weinkeller sein. Das heißt, er muss groß sein, er braucht eine Klimatür, er sollte erschütterungsfrei sein, gut isoliert und mit genug Feuchtigkeit. Natürlich müsste alles imposant sortiert und aufgereiht sein.

Aber das alles ist nicht das wirkliche Problem: Ihr Keller muss nämlich auch noch gut bestückt sein! Das bedeutet teure Flaschen noch und nöcher! Denn eingeladene Weinkenner würden alles penibelst untersuchen, Flaschen herausziehen, um die Jahrgänge abzulesen, und im Kopf zusammenrechnen, wie viel Ihre Schätzchen wohl wert sein mögen. Wollten Sie also gut dastehen, müssten Sie ein Vermögen ausgeben. Wenn Ihnen Wein so viel wert ist, sollten Sie sich lieber ernsthaft damit beschäftigen. Eine solche Investition in ein Hobby ist unter Ihrem Niveau.

Die Lösung heißt „virtuelles Outsourcing“. Die neueste Mode ist nämlich angemieteter Kellerraum. Viele deutsche Winzer haben

begonnen, Kellerraum, mit dem sie bisher nichts Sinnvolles anzufangen wussten, zu vermieten. Dafür mauern sie kleine Fächer hinein, meist mit einer Gittertür samt Nummer versehen, und stellen diese gegen einen entsprechenden Obolus ihren Kunden zur Verfügung. Dies hat mehrere Vorteile: 1. Sie machen Geld mit totem Raum. 2. Sie binden ihre Kunden an sich. 3. Sie verkaufen mehr Wein. Denn jedes Mal, wenn der Mieter vorbeikommt, um einen seiner Schätze herauszuholen, bieten sie ihm einen ihrer Weine zur Verkostung an und prompt wird wieder etwas verscherbelt.
Sie haben eines dieser neuen, teuren und raren Fächer. Erkundigen Sie sich zur Sicherheit, welcher Winzer in einem nahe gelegenen Weinanbaugebiet Entsprechendes anbietet. In Hamburg wird das von der Entfernung her natürlich unglaubwürdig, dafür gibt es Weinhändler, die Ähnliches zur Verfügung stellen.
Dort lagern Ihre Schätze. Führen Sie eine Datei in Ihrem Rechner, in der alle aufgelistet sind. Wählen Sie nur das Beste und Teuerste aus – Sie müssen es ja nicht bezahlen!
Zur Dekoration zu Hause brauchen Sie nur ein paar leere Bouteillen. Die können Sie bei Hausmessen von Weinhändlern in der Nähe schnorren. Auf denen werden immer einige teure Weine geöffnet und die Flaschen danach weggeschmissen – es sei denn, Sie fragen. Keine falsche Scham! Fragen Sie auch direkt nach leeren Holzkisten. Da es die (fast) nur bei Spitzenweinen gibt, werden ein paar wohlklingende Namen darauf stehen. Platzieren Sie die Kisten mitten im Weg nahe bei Ihrem Mülleimer, so dass der Besuch sie sehen muss. „Oh, stehen die immer noch da, die wollte ich eigentlich heute weggebracht haben."
Natürlich brauchen Sie auch ein paar – wenige – Flaschen Wein. Preisklasse 15-25 Euro – was der finanzkräftige Connaisseur für seinen Wein-für-jeden-Tag ausgibt. Nehmen Sie Regionen, die für ihr Preis-/Genuss-Verhältnis bekannt sind. Also Südfrankreich. Süditalien geht auch noch. Bei Weißwein: Deutschland. Ein Weinklimaschrank für Ihre Bouteillen wäre natürlich schön, der schmückt ungemein, ist aber auch teuer. Falls möglich, kaufen Sie sich zumindest einen kleinen. Flaschen im Kühlschrank auf Temperatur zu bringen, ist zwar qualitativ unproblematisch, aber barbarisch.
So, das reicht.
Sie sind fertig ausgestattet.

Sie meinen, Sie müssten Weinbücher und Magazine herumliegen haben? Zu gefährlich. Es gibt kein Magazin und nur wenige Weinautoren, auf die sich alle Kenner einigen können. Hugh Johnson, Michael Broadbent und Jancis Robinson dürften über jeden Zweifel erhaben sein. Robert Parker, Oz Clarke oder James Halliday – egal, wie bekannt sie auch sein mögen – könnten Sie in Diskussionen verwickeln. Bei Fragen nach Ihrer Weinbibliothek antworten Sie einfach, Sie würden Ihre Informationen über das Internet beziehen, das sei aktueller. Den Zugang zu allen wichtigen Magazinen hätten Sie – der Ausgewogenheit wegen – frei schalten lassen. Sie sind modern, Sie sind gut informiert und Sie sind ein eiskalter Hochstapler. Herz, was willst du mehr?

Die wichtigsten Rebsorten

Eines der liebsten Themen des gepflegten Weingesprächs sind Rebsorten. Die wichtigste Frage ist, ob die jeweilige Traube überhaupt imstande ist, große Weine zu erzeugen. Das müssen Sie wissen! Ein Blick auf die Flasche wird Ihnen (wenn die Rebsorte vermerkt ist) verraten, wie hoch Sie einen Wein jubeln sollten oder wie sehr er zu vernichten ist.
Im Folgenden sind die wichtigsten Rebsorten aufgelistet. Alle existierenden würden den Rahmen des Buches – und mehrerer anderer – sprengen. Rund 1.000 könnten guten Gewissens genannt werden. Spitzenweine werden aber – in relevanten Mengen – nur aus sehr wenigen produziert.

Die Weissen

Auxerrois

Die seltenste Traube der Burgunderfamilie. Aus demselben Grund, aus dem einige Lieder B-Seiten werden, andere aber Singles. Irgendwie fehlt es der Rebsorte an Raffinesse. Es gibt aber etwas Gutes an ihr: Kaum einer weiß, wie sie ausgesprochen wird. O-xeroa (das sieht komischer aus, als es schmeckt).

Chardonnay

Chardonnay ist out. Baut jeder Bauer auf jedem Kartoffelacker an. Dass einige der größten Weine der Welt Chardonnays sind, fällt nicht ins Gewicht. Amerikaner trinken Chardonnay zu ihren Hamburgern. Sollen sie doch.

Chenin Blanc

Riecht wie... tja... also... stellen Sie sich vor... nein... ungefähr wie... **es geht nicht!** Chenin Blanc riecht immer ein bisschen wie Erbrochenes. Also nicht wie das komplette Malheur, sondern nur wie diese säuerliche Note. Versuchen Sie zu Ihrem eigenen Schutz, sich nicht daran zu erinnern, glauben Sie es einfach! Nichtsdestotrotz werden aus der Rebe – vor allem an der Loire und in Südafrika – tolle Weißweine produziert, von denen die Welt wenig Notiz nimmt. Und wenn die Welt kaum Notiz nimmt, warum sollten Sie?

Gewürztraminer

Gewürztraminer riecht eigentlich nicht nach Gewürzen, sondern nach Rosen. Das können frische Rosen sein oder verblühte, es kann auch Rosenwasser oder Rosenseife sein – aber um die Rose kommen Sie nie herum. Häufig sind Gewürztraminer – egal, von wo sie stammen – pappig süß. Nur wenige Winzer verstehen es, sie im richtigen Maße süß sein zu lassen oder aber – noch schwieriger – im richtigen Maß trocken. Die Rebsorte passt prima zu asiatischem Essen. Wenn Sie ein respektierter Außenseiter sein wollen, ist dies Ihre Rebsorte!

Grauburgunder

Natürlich klingt der französische Name – Pinot Gris – gleich drei Preisklassen besser. In nennenswerter Menge und Qualität wird Pinot Gris nur in Deutschland (vor allem in Baden), in Italien (Pinot Grigio) und im Elsass produziert. Die Weine präsentieren sich früher zugänglich als die aus den Geschwistern Weißburgunder und Chardonnay, bekommen mit dem Alter aber gerne eine Bitternote. Und was nicht mindestens ein halbes Jahrhundert reifen kann, ist nicht wert, dass man darüber redet.

Müller-Thurgau

Nein, wirklich nicht. Wenn dies Ihre Lieblingsrebe ist, haben Sie ein Problem. Sprechen Sie den Namen nicht aus. Nie. Auch nicht

„Rivaner", wie Müller-Thurgau neuerdings und fälschlicherweise heißt. Man dachte, die Traube sei eine Kreuzung aus Riesling und Silvaner. Ist sie aber nicht. Mit dem Riesling vermählte sich die Gutedel. Auch egal. Die Traube bringt süffige Weine, typischerweise mit einem leichten Muskat-Ton, hervor, so etwas können Sie zur Erfrischung gut finden, aber auch nicht mehr. Müller-Thurgau ist nämlich lecker und über solche Sachen redet man nicht.

Riesling

Die Riesling-Rebe ist die Königin der Weißweine. Da schert es uns nicht, dass Weine aus Chardonnay oder Sauvignon Blanc / Semillon – wenn sie aus den richtigen Häusern kommen – zu höheren Preisen gehandelt werden und Riesling weltweit viel seltener getrunken wird. Die Königin muss ja nicht allen gefallen, sondern nur Kennern. Selbst wenn jemand dagegen argumentiert, keine weiße Rebsorte spiegelt gleichermaßen das Terroir, auf dem sie wuchs, und keine Traube bringt so grazile edelsüße Weine hervor. Sagen Sie, Riesling sei Ihre bevorzugte Rebsorte – Sie sind auf der sichersten Seite.

Ruländer

Also Ruländer schon mal gar nicht. Diese hässliche deutsche Bezeichnung für den „Grauen Burgunder" nehmen Sie nicht in den Mund. Heutzutage steht Ruländer nur noch auf Flaschen, deren Inhalt genau so schmeckt wie Grauburgunder vor Jahrzehnten in Deutschland. Breit und krautig. So billig sollten Sie sich nicht blamieren.

Sauvignon Blanc

Wenn hier steht, dass diese Traube nach Gras riecht, ist (leider?) nicht das Kraut gemeint, welches die Niederländer witzigerweise in Coffee-Shops verkaufen. Es geht um echtes, grünes, sattes Gras. Eine Rebsorte für Kühe.

Semillon

Die Traube für Romantiker. Eine junge, französische Winzerin erzählte mir einmal, sie liebe die Semillon-Traube. Auf die Frage warum antwortete sie, die Semillon könne nur gemeinsam mit der Sauvignon Blanc Großes schaffen. Sie wäre – und sie wählte ein altes poetisches Bild – wie ein Engel mit einem Flügel. Nur zusammen mit einem anderen könne sie fliegen. Was die Semillon angeht, hat sie vollkommen recht. Es fehlt der Rebsorte einfach an vielem, aber in einer Cuvée kann sie Wunder wirken. Gemeinsam mit der Sauvignon Blanc wird sie auch vorteilhaft (= glücklich) alt. Eine Traube für monogam veranlagte Weintrinker.

(Grüner) Veltliner

Die Österreicher trinken so was. Muss man mehr schreiben?

Viognier, Marsanne, Rousanne etc. pp.

Zur Zeit werden die autochtonen – was so viel wie „eingeborenen" bedeutet – Rebsorten Südfrankreichs wiederentdeckt. Jahrelang wurde aus ihnen, mit Verlaub, nur Gesöff produziert und plötzlich, auf einmal, merkt die Weinwelt, wie unglaublich toll sie sind. Bestes Besserwissermaterial. Suchen Sie sich irgendeine davon aus, behaupten Sie, das differenzierte würzige Aroma hätte Sie für alle Zeiten eingenommen. Sie können nichts falsch machen und je weiter die Zeit voranschreitet, desto mehr Menschen werden merken, wie Recht Sie damals schon gehabt haben, Sie Prophet, Sie!

Weissburgunder

Weiß klingt gut: rein, edel, unverfälscht. Außerdem spielt die beste Fußballmannschaft der Welt traditionell in Weiß: Real Madrid.
Rein adjektivisch geht das also schon mal in Ordnung. Auch hier ist allerdings der französischen Sprache der Vorzug zu geben, also Pinot Blanc. Ein guter Essensbegleiter ist er, der Pinot Blanc, und viele Menschen mit einer Vorliebe für Fisch haben eine Vorliebe für Pinot Blanc. Und für Zitronenspritzer, aber das interessiert hier nicht.

Die Roten

Cabernet Franc

Der kleine, oftmals übersehene, ja schmählich missachtete Bruder des Cabernet Sauvignon. Eine Traube, die viele Weinkenner nicht ernst nehmen, über die bei jeder passenden und unpassenden Gelegenheit gelacht wird, ohne Rücksicht auf die arme Traube, die sich doch so anstrengt, einmal einen wirklich großen Wein zu produzieren. Lachen Sie mit! Probleme bekommen Sie nur, wenn jemand „Cheval Blanc" erwähnt, einen der umwerfendsten Weine der Welt (aus dem Bordeaux) und zum Großteil aus Cabernet Franc. Das Sprichwort „Auch ein blindes Huhn findet mal ein Korn" könnte Sie jetzt noch retten, ansonsten werden Sie alle von nun an für einen miesen Ignoranten halten. Und plötzlich erinnern sich die Anwesenden an all die tollen Cabernet Franc Weine von der Loire und geraten ins Schwärmen. Dann müssen Sie wohl oder übel nach Hause gehen.

Cabernet Sauvignon

Tja, kann man gut finden, muss man aber nicht. An der Rebsorte gibt es an sich nichts auszusetzen. Eine ihrer wichtigsten Eigenschaften sind starke Gerbstoffe, die den Wein famos altern lassen. Das Problem des Cabernet Sauvignon ist, dass die Traube mittlerweile überall angebaut wird und sie folglich jeder Hinz und Kunz trinkt. Wollen Sie sich wirklich mit dem gemeinen Volk auf eine Stufe stellen? Diese Rebsorte ist einfach nicht ungewöhnlich genug. Damit wäre das Thema erledigt, wenn es nicht ein kleines Problem gäbe. Nämlich den Grund, warum sie überall auf der Welt angebaut wird. Dieser ist, dass sie **die** rote Traube des Bordeaux ist. Zwar kommt mal mehr mal weniger Merlot dazu (am rechten Ufer der Gironde sogar mehr als Cabernet Sauvignon selbst), manchmal auch Cabernet Franc, Petit Verdot oder Malbec, aber eigentlich geht es in der Hauptsache um Cabernet Sauvignon. Und gegen die Rebsorte, die – nach landläufiger Meinung – die größten Rotweine der Welt hervorbringt, kann man natürlich nichts haben. Eine echte Bredouille.

So kommen Sie raus: „Cabernet Sauvignon können nur die größten Winzer zu voller Blüte bringen, leider sind die meisten aus ihr gewonnenen Weine langweilig." Zwei auf einen Streich. Gratulation!

Dornfelder

Nein. Das kauft der Naturwissenschaftler im Supermarkt. Sieht aus wie Wein, kostet so viel wie Wein, schmeckt annähernd wie Wein. Aus keiner deutschen Rebsorte wird so viel Schlechtes produziert wie aus Dornfelder. Grund: Zurzeit kaufen alle wie verrückt Dornfelder, also keltern alle – auch die unfähigsten Winzer Deutschlands – Dornfelder. Dabei liefert die Traube nur selten gute und wirklich nie große Weine. Ende der Geschichte.

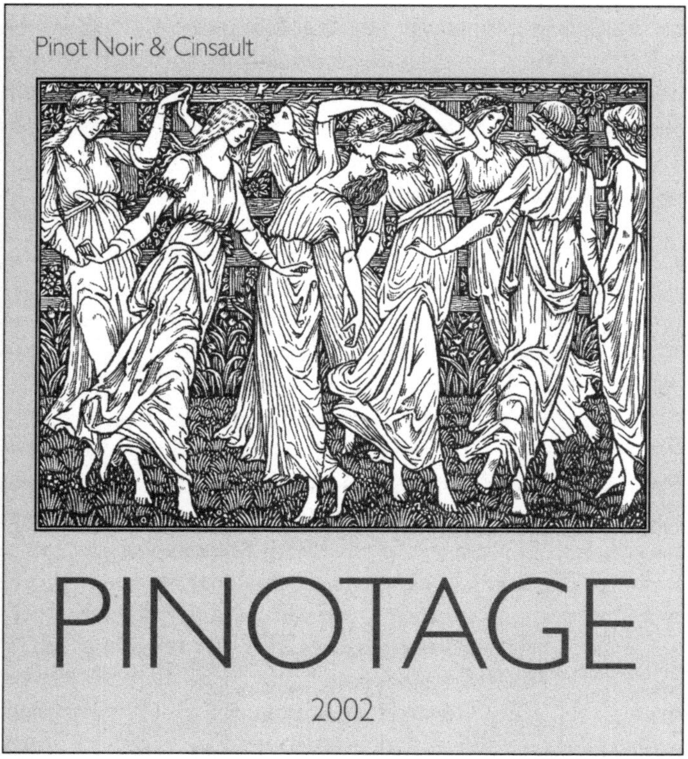

Grenache / Garnacha

Die meistangebaute rote Rebsorte der Welt. Darf man so was gut finden? Man darf. Man muss. Aus der Grenache werden in Châteauneuf-du-Pape (Frankreich) und dem Priorat (Spanien) grandiose Weine gekeltert. Man muss sich Mühe mit der Traube geben, dann schafft sie Großes. Ein Sieg des Willens, ein Symbol für den Kampf des Lebens, eine Traube, die mehr ist als nur roter Wein.

Malbec

Wenn Sie in Argentinien Freunde suchen, sollten Sie sich als Malbec-Fan outen. Die Südamerikaner haben sich der Traube aus dem Südwesten Frankreichs, genauer aus Cahors, angenommen. Die Weine aus Cahors sind allerdings besser, weil komplexer, und nicht so maßlos fruchtstrotzend wie die Argentinier. Sie tragen den legendären Namen „Schwarze Weine aus dem Cahors". Das klingt mysteriös, das klingt irgendwie bedrohlich, das klingt, als würde sich kaum jemand trauen, das Zeug wirklich zu trinken. Aber ein kleines Dorf im Südwesten Galliens leistet erbitterten Trinkdienst, in diesem kleinen Dorf leben natürlich auch Sie, Malbectrinkfix!

Merlot

Eine Traube für Menschen, die Streicheleinheiten brauchen. Also Frauen.

Denn Merlot führt zu schmeichlerischen Weinen, da die Traube im Gerbstoffbereich zurückhaltend ist. Jetzt muss ich mich outen. Einige meiner Lieblingsweine – von denen ich behaupte, dass sie zu den faszinierendsten der Welt gehören – werden zum Großteil aus Merlot erzeugt. „Masseto", „Messorio", „Galtrona" oder „Montiano" aus Italien, Klassiker aus den Bordeaux-Unterregionen St. Emilion und Pomerol, der „Grand Merlot" von Jim Irvine aus Australien. Eine Traube, vor der Sie Respekt haben sollten, eine der großen der Welt. Nicht nur für Frauen und Schattenparker.

Nebbiolo

Diese Rebsorte ist große italienische Oper. Dabei gibt es nur zwei Möglichkeiten, wie wir aus „Pretty Woman" wissen: Entweder Sie lieben die Oper oder Sie hassen sie. In Ihrem eigenen Interesse sollten Sie diese Traube lieben. Nebbiolo ist ideal für Wein-Besserwisser. Jeder ehrliche Weintrinker wird eingestehen, dass ihn Weine aus dieser Traube bisher eher enttäuscht haben. Das liegt daran, dass sie erst im Alter gut werden (dann aber richtig!), nur wenige die Flaschen aber lange genug aufbewahren. Alle **wissen** aber, dass der Wein gut wird. Von Vorteil ist auch, dass gute Nebbiolo (= Barolo und Barbaresco) ein kleines Vermögen kosten und kaum zu bekommen sind.

Pinotage

Südafrikas Beitrag zur Rebsortenkunde. Die Traube wurde 1925 von A.I. Perold aus Pinot Noir und Cinsault gekreuzt und wird nur am Kap angebaut. Die Weine riechen nach Lack oder anderen Dingen, die man nicht im Wein erwartet (und nicht erwarten möchte). Mittlerweile gibt es richtig gute Weine aus der Traube (immer eine Bank: Kanonkop, Laibach oder Saxenburg), aber zum weltweiten Klassiker wird es nicht reichen, weswegen die Südafrikaner jetzt auf Shiraz setzen. Diese Weine schlagen die Pinotages denn auch um Längen. Deshalb sagen nur ewig Gestrige, das sei ihre liebste Rebsorte. Und selbst die sagen es nur untereinander.

Portugieser

Portugal, das ist Fado, Portwein, Seemacht, Luis Figo – und noch ein gutes Dutzend weiterer Stereotype. Leider wird Portugieser in Deutschland angebaut und ist nur dem Namen nach ein Rotwein. Meistens schmeckt er wie ein Weißwein, erfrischend im Sommer, aber keine Rebsorte, von der Sie irgendetwas halten sollten. Es sei denn, er kommt von uralten, wurzelechten Reben, wird in Kleinst-Erträgen geerntet, in neuen Barrique-Fässern mindestens 18 Monate ausgebaut, ungeschönt, ungeschwefelt und ungefiltert abgefüllt. Da so einen Portugieser aber noch nie jemand getrunken hat (weil die Traube so nicht ausgebaut wird), behaupten Sie's ruhig. Da soll mal einer kommen und anderes sagen!

Regent

Wollen Sie ernsthaft eine Rebsorte mit einem so saublöden Namen loben? Und wenn, warum dann nicht direkt die „Domina" (in Franken weitverbreitet, was immer das über die dortigen sexuellen Vorlieben aussagen mag)? Diese angeblich pilzresistente Neuzüchtung aus Diana und Chambourcin steht nicht zur Debatte. Ökofreaks mit Birkenstocksandalen und selbst gemachtem Joghurt mögen so etwas guten Gewissens trinken, Weinkenner aber zerstören lieber die Natur und geben viel Geld für Wein aus, dessen Klasse sie nicht im geringsten erschmecken können. Weinkenner sind ja nicht verrückt!

Sangiovese

Italiens große Rebsorte? Nein, pauschalisieren Sie nicht so. Sprechen Sie von der großen Rebsorte der Toskana. Natürlich wird die Sangiovese – teilweise unter anderem Namen – auch in anderen italienischen Weinregionen angebaut, am berühmtesten sind aber die toskanischen Gewächse: „Chianti" (Sie trinken nur „Chianti Classico"), „Vino Nobile di Montepulciano", „Brunello di Montalcino" und so genannte „Super-Tuscans".
Sie sollten sich aber der politischen Bedeutung dieser Rebsorte bewusst sein. Es ist die Traube der Toskana-Fraktion. Wenn Sie also den Sozialdemokraten fern stehen, wählen Sie lieber eine möglichst schwarze (Shiraz), gelbe (Gewürztraminer) oder grüne (Veltliner) Rebsorte. Tragen Sie Ihre politische Gesinnung ganz einfach auf der Zunge. Subtiler geht es nicht!

Spätburgunder

Ein befreundeter Weintrinker schwört auf Spätburgunder. Es handelt sich um einen sensiblen, schöngeistigen Mann, er liebt das moderne Theater und japanische Architektur. Seine Wohnung ist sparsamer möbliert als ein Museum für zeitgenössische Kunst,

jeden Sonntagmorgen um fünf wird im Stadtpark gejoggt und er steht auf den jungenhaften Frauentyp mit Bubikopf. Spätburgunder mag er, weil er subtile Weine erbringt, keine Schreihälse mit viel Frucht, keine Wuchtbrummen mit einem Haufen Tanninen, sondern edle Weine, die in Ruhe genossen werden wollen.
Mehr sag ich nicht.

Shiraz

Ist zur Zeit schwer „in". Südfrankreich, die Rhoneregion, Australien und Südafrika produzieren einen Wahnsinns-Shiraz (oder Syrah) nach dem anderen. Der gute Weinkenner aber ist **vor** dem Trend, nicht **mittendrin**. Also überlassen Sie anderen diese Weine, die zurzeit vielleicht die spannendsten auf der Welt sind.

TANNAT

Für geduldige Weintrinker. Tannat braucht ewig, um den Punkt zu erreichen, an dem er trinkbar ist. Vorher ist er widerlich. In Blindproben denken Experten häufig, Tannat-Weine seien fehlerhaft. Andere haben eine perverse, abnorme Freude daran. Zu welcher Gruppe gehören Sie? Und weiß Ihr Partner schon davon?

TEMPRANILLO

Spaniens Stolz. Und die Spanier haben allen Grund, stolz zu sein. Das Land ist einerseits Teil Europas (= Tradition), andererseits aber irgendwie auch exotisch, weil mit maurischer Kultur übersät. Hinzu kommen Flamenco, Gitarre spielende dicke Zigeuner, große schwarze Stiere und Sandplatzspezialisten. Eine viel versprechende Mischung.

Tempranillo ist zwar nicht mehr die einzige Rebsorte, welche für die großen Weine des Landes zuständig ist (seit die Garnacha im Priorat wiederentdeckt wurde), aber sie bringt immer noch die meisten zustande. Natürlich ist eine französische Rebsorte nobler und eine italienische strahlt mehr Lebensfreude aus, dafür wirkt eine spanische maskuliner (bei Männern) oder feuriger (bei Frauen). Sie haben also eigentlich keine Wahl.

Die besten Weinländer

Natürlich haben Weinkenner kein liebstes Weinland, sie sind ja kosmopolitisch. Manchmal wird ihnen dies aber als Unentschlossenheit ausgelegt und sie werden aufgefordert „Butter bei die Fische" zu geben. Tritt dieser Fall ein, welches Weinland wählen Sie (bitte ankreuzen und umblättern)?

Mein liebstes Weinland ...

☐ ... ist Australien

☐ ... sind Chile und Argentinien

☐ ... ist Deutschland

☐ ... ist natürlich Frankreich

☐ ... ist Griechenland

☐ ... ist Italien

☐ ... ist Kalifornien

☐ ... ist Österreich

☐ ... ist die Schweiz

☐ ... ist Spanien

☐ ... sind die Staaten Osteuropas

☐ ... ist Südafrika

☐ ... steht hier nicht

Das Ergebnis

Ihre Wahl:	**Punktzahl:**
Australien	80 Punkte
Chile und Argentinien	40 Punkte
Deutschland	80 Punkte
Frankreich	100 Punkte
Griechenland	-100 Punkte
Italien	90 Punkte
Kalifornien	80 Punkte
Österreich	70 Punkte
Schweiz	30 Punkte
Spanien	85 Punkte
Staaten Osteuropas	0 Punkte
Südafrika	45 Punkte
Steht hier nicht	-1000 Punkte

Weniger als 50 Punkte:
Schämen Sie sich! Lesen Sie das Buch noch einmal.

50 bis 99 Punkte:
Ordentlich. Aber Sie sollten das Buch zur Sicherheit noch mal lesen.

100 Punkte:
Sehr gut! Jetzt sehen Sie, wie sinnvoll dieses Buch ist. Empfehlen Sie es weiter! Und lesen Sie es noch mal, um... lesen Sie es einfach noch mal.

Sie verstehen die Punktzahlen nicht?
Denken Sie mal eine Nacht lang drüber nach. Falls Sie es dann immer noch nicht einsehen, finden Sie hier die Antworten:

„Mein liebstes Weinland...

... ist Australien“

Ein ganzer Kontinent sieht es genauso wie Sie – die Australier. Und um der Wahrheit genüge zu tun, wahrscheinlich sogar zu Recht. Es ist verdammt schwer, wenn nicht gar unmöglich, einen schlechten australischen Wein zu finden. Das liegt einfach daran, dass alles in der Hand von vier bis fünf (die Anzahl ändert sich ständig) großen Konzernen liegt, die einen Masterplan haben, der da heißt Weltbeherrschung im Weinsegment. Dafür überfluten die Aussies ihr Land (wovon sie genug haben) mit Wasser (wovon sie zu wenig haben). Alle Weine sind nach neuesten Methoden vinifiziert und jeder Trick, der denkbar ist, wird down under auch angewendet. Im Supermarktregal sind die Australier ein sicheres Pfund. Sie schmecken vielleicht alle gleich, aber Sie werden nie enttäuscht. Nachdem die Australier jahrzehntelang nur ein (Grange), zwei (Hill Of Grace) große Weine hervorbrachten, gibt es nun fast stündlich neue Weingüter, die direkt mit dem ersten Jahrgang zu den Besten der Welt gehören. Das ist clever, besetzen die Australier so doch die Elite und das gemeine Fußvolk. Nennen Sie als Weingüter solche schönen Namen wie „Wirra Wirra“ oder „Warrenmang“. Hundertprozentig sicher ist „Henschke“ (der wie seine Frau im deutschen Geisenheim studierte). Etwas Besonderes sind Sie durch die Nennung Australiens allerdings nicht. Aber Sie werden respektiert werden und niemand wird Fragen stellen.

... sind Chile und Argentinien“

Nein. Wirklich nicht. Ich verstehe Ihren Wunsch, modern zu sein. Südamerika ist cool, Buena Vista Social Club, Karneval in Rio (String-Tangas etc.), Feuerland, Abenteuer Amazonas, brasilianischer Fußball. Schon klar. Und wenn Sie Leuten gegenüberstehen, die garantiert keine Ahnung von Wein haben, dann könnten Sie hiermit sogar einen Treffer landen.

Argentinien, und vor allem Chile, sind alte Weinländer und in den letzten Jahren immer besser geworden, je mehr Geld aus dem

Ausland (in Chile vornehmlich spanisches und französisches) hereinkam. Chile hat bereits einige Kultweine – zumindest behaupten ihre Produzenten dies –, welche die 50-Euro-Grenze hinter sich gelassen haben. Dort sind Cabernet Sauvignons die besten Weine, in Argentinien Malbecs. Seit kurzem sind sogar die Weißweine des Kontinents trinkbar, kommen aber nie über Alltagsqualität hinaus. Im besten Fall schmecken sie wie Australier. Die Südamerikaner sind gerade erst dabei, den Begriff „Terroir" zu verstehen und ihren Weinen Persönlichkeit zu geben.
Einer ihrer Lieblingsweine darf ruhig aus Südamerika kommen (einer von Deutschlands renommiertesten Weinjournalisten schwört zu Recht auf den „Casa Real" von „Santa Rita"), aber mehr sollten Sie sich nicht trauen. Beim besten Willen. Schließlich wimmelt Südamerika von Militärdiktaturen. Als Faustregel gilt: Diktaturen bringen nie große Weine hervor. Oder kennt jemand einen großen Wein aus Libyen, Nordkorea, Kuba oder dem Vatikan?

… IST DEUTSCHLAND"

Ja, das dürfen Sie ruhig wieder sagen. Die Zeit der Bescheidenheit ist vorbei. Behaupten Sie einfach, Deutschland produziere die besten Weißweine weltweit – es wird Ihnen kaum jemand widersprechen. Nur wenn Sie Pech haben, steht ein Österreicher bei Ihnen, der dasselbe von den Winzern seines Landes behauptet und unter Umständen einige enorm hohe Bewertungen amerikanischer Weinkritiker zu Felde führen kann. Verfallen Sie jetzt bloß nicht in altes Großmachtsdenken, á la Österreich sei ja auch irgendwie Deutschland (wollen Sie das Elsass auch gleich noch „eingemeinden"?). Attackieren Sie lieber Ihr Gegenüber und treffen Sie es an der einzigen verwundbaren Stelle: dem Alkohol. Unter uns gesagt: Österreichische Weißweine sind großartig und altern geradezu famos. Sie zählen sicher zu den besten Weißen der Welt – ob trocken oder edelsüß. Aber sie sind halt manchmal wie die Österreicher selbst (ganz vorurteilsfrei gesprochen) ein wenig behäbig und schwer. Beim Alkohol langen sie ganz schön zu. Natürlich nicht alle und natürlich kann man das auch gut finden. Sie aber nicht. Sagen Sie, dass es Ihnen bei Weißwein um Eleganz geht, um ... kristalline Klarheit, um ... Brillanz. Wer allerdings fette, schwere Weine möge, der wäre bei den Ösis gut aufgehoben.

Wenn Sie dann weiter über Ihre Vorliebe für deutsche Weine fabulieren, halten Sie sich an den Weißweinen fest. Die roten aus hiesigen Landen haben zwar in den letzten Jahren kometenhaft an Höhe gewonnen, sind aber noch nicht ganz im Zenit der Besten der Besten angekommen. Und um die geht es schließlich.

Bei Deutschlands Anbaugebieten können Sie eigentlich frei Ihren Favoriten wählen. Nicht nehmen sollten Sie nur Sachsen, Saale-Unstrut, Hessische Bergstraße, Württemberg, Mittelrhein und Rheinhessen. In Rheinhessen sitzen zwar mittlerweile zwei der besten Winzer Deutschlands und Güter, die seit Jahren sehr gute Qualitäten produzieren, doch ist diese dynamische Region des Landes größter Weinproduzent. Also nicht elitär genug.

Sie wollen aufschneiden. Das machen Sie am besten mit den Anbaugebieten Mosel-Saar-Ruwer und dem Rheingau. Letzterer bietet zwar seit Jahren nicht mehr die Qualitäten, die seinem Namen gerecht werden, aber das haben die meisten nicht mitbekommen. Erstere Region ist fraglos Deutschlands Paradestück – für nicht-trockenen Riesling. Für Burgunder und trockene Rieslinge nennen Sie lieber die Pfalz oder auch Baden. So einfach kann man es sich machen.

„... IST NATÜRLICH FRANKREICH"

Jaaaaaaaaaaa! Sehr gut! So spricht der wahre Wein-Liebhaber. Kein Risiko eingehen, mit der Masse schwimmen, Frankreich sagen.

„... IST GRIECHENLAND"

Nein, sagen Sie das nicht. Und wenn Sie es denken: Verraten Sie es niemandem, nicht Ihrem Ehepartner, nicht Ihren Eltern, erst recht nicht Ihren Kindern, die sollen doch den Respekt vor Ihnen nicht verlieren, oder? Mannomann... Griechenland ... tsss, tsss, tsss...

„... IST ITALIEN"

Schieben Sie direkt – und möglichst hochnäsig – „natürlich Piemont" hinterher. Die Toskana ist was für Oberstudiendirektoren. Die Weine des Piemont sind kompliziert, sie müssen lange reifen und selbst dann sind manche von ihnen ... einzigartig. Barbaresco und Barolo, das sind die Großen, die Teuren, die Unverstandenen. Bei Ihnen finden diese Weine ein Zuhause. Diese distinguierten Norditaliener, diese unnahbaren, unfassbar tiefen, diese manchmal abstoßenden Weine.

„... IST KALIFORNIEN"

Da hat aber einer gut Geld. Kalifornien produziert einige der besten Weine der Welt. Jeder Weintrinker weiß dies – nur getrunken hat sie kaum einer. Sie sind einfach zu teuer, es gibt kaum Importeure, die Amerikaner trinken ihre besten Weine lieber selber. Wenn Sie also einen auf dicke Hose machen wollen, dann ist Kalifornien sicherlich die richtige Wahl. Sie können natürlich auch andere amerikanische Anbaugebiete nennen, wie Oregon oder Washington. Aber das wird unliebsames Interesse erregen. Man wird Sie nach Bezugsquellen fragen, nach Winzernamen, wie Sie auf die Weine gestoßen sind. Dann sollten Sie vorbereitet sein. Es gibt leider keine Namen, die mit hundertprozentiger Sicherheit zu einem Raunen der Bewunderung führen. Erfinden Sie einfach ein paar Kellereien. Sagen Sie, es handele sich dabei um kleine Betriebe, die ihre Produkte gar nicht erst den großen Kritikern schicken würden, weil sie eh viel zu wenig Wein hätten. Falls wirklich mal jemand einen dieser famosen Weine probieren will, müssen Sie wohl selbst ein Etikett basteln und es auf irgendeine Flasche australischen Wein aus dem Supermarkt pappen. Das sollte hinhauen.

... IST ÖSTERREICH"

Siehe Deutschland (nicht politisch zu verstehen!)

... IST DIE SCHWEIZ"

Ach, kommen Sie! Das Weingut „Gantenbein" produziert fraglos famose Rotweine und im Kanton Wallis finden sich beeindruckende edelsüße Tropfen, aber die Schweiz pauschal als liebstes Weinland? Bei all dem Chasselas / Gutedel? Neeeiiiin. Wirklich nicht. Zum Urlaub machen: hervorragend. Um ihr Geld sicher unterzubringen: klasse. Im Falle eines dritten Weltkriegs: mit etwas Glück ein sicherer Hafen. Aber Wein? Verstehen Sie mich richtig, schlecht sind die Weine nicht. Aber es geht um Ihr liebstes Weinland, das ist so etwas wie die Visitenkarte in Kennerkreisen. Seien Sie nicht leichtsinnig! Die Schweiz zeigt nur, dass Sie bereit sind, viel Geld für mittelprächtigen Wein auszugeben. Wollen Sie das wirklich? (Und darf ich jetzt je wieder in die Schweiz einreisen?)

... IST SPANIEN"

Sie werden in eine Schublade gesteckt, aber diese ist gut gepolstert. Sie werden von nun an als Holzfreak gelten. Zu Unrecht. Jahrzehnte, wahrscheinlich Jahrhunderte lang brachten die Spanier jegliche Frucht in ihren Weinen mit Holz zum Schweigen. Holz, das atmete und den Wein somit fein, aber eben doch, oxidieren ließ. Das machte die Weine Spaniens – lange Zeit wurde dies synonym mit Rioja verwendet – so lecker wie eine frische Spanplatte. „Vega Sicilia" (kann man eigentlich immer fallen lassen) im Anbaugebiet Ribera del Duero erzeugte dagegen schon früh famose, einzigartige Weine, die zu den besten der Welt gehören. Ansonsten gibt es kein alteingesessenes Weingut, das wirklich unumstritten ist. Mit dem „Pingus“ (von einem Dänen gemacht) und dem „L'Ermita“ finden sich mittlerweile zwei weitere der teuersten Weine der Welt in Spanien wieder (der „Unico“ von „Vega Sicilia“ sowieso). Auch ansonsten sind die Spanier, was das Geld angeht, nicht zimperlich. Preise werden ruckzuck erhöht. Da gibt es schließlich einiges nachzuholen (gegenüber Bordeaux – wem sonst?). Man will sich ja nichts nachsagen lassen.

... SIND DIE STAATEN OSTEUROPAS“

Liegen dort Ihre Familienwurzeln? Oder wollen Sie jemanden des anderen Geschlechts beeindrucken, der von dort stammt? Selbst wenn etwas davon zutreffen sollte: Nein. Sagen Sie nichts dergleichen. Die dortigen Weine sind stetig besser geworden, manche sogar richtig klasse, aber niemand darf ernsthaft sagen, seine Lieblingsweine stammten aus der Slowakei, aus Bulgarien, Rumänien oder Ungarn. Halt! Ungarn ginge so gerade noch. Immerhin wird hier mit dem „Tokajer“ einer der legendärsten, teuersten und besten edelsüßen Weine der Welt produziert. Und auch die anderen dortigen Weine sind qualitativ hervorzuheben. Ihr Vorteil, wenn Sie Ungarn nennen: Niemand kennt sich dort aus. Sie werden als Insider angesehen werden, als Hüter von Geheimwissen, als jemand, der im Besitz von heißen Tipps ist! Sie kennen die Winzer, die zu Niedrigstpreisen Spitzenweine produzieren (eine der am weitesten verbreiteten Legenden der Weinwelt). Ungarn könnte also ganz praktisch sein. Sie sind damit ein Außenseiter, aber zumindest ein geachteter.

... IST SÜDAFRIKA“

Tja, das darf man schon sagen. Allerdings sind Sie dann ein Sternengucker, ein Hellseher. Südafrika ist auf einem guten, einem sehr guten Weg. Dabei ist das Weinland zweigespalten. Die einen (die große Mehrheit) schielt nach Australien. Die anderen (die Spannenderen) schauen nach Frankreich. Schon jetzt kommen einige grandiose Weine vom Land am Kap und es werden jedes Jahr mehr. Die Winzer lernen ihr Terroir kennen, reißen miese Rebsorten raus und pflanzen hochwertige. Die Zukunft des Landes liegt in der Shi-

raz-Traube, die hier, neben Bordeaux-Blends (kürzen Sie dieses Anbaugebiet immer mit „Bdx“ ab!), die besten Ergebnisse bringt. „Stellenzicht“, „Slaley's“ oder „Fairview“ beweisen dies bereits.
Falls Südafrika nicht Ihr bevorzugtes Weinland ist, können Sie bei passender Gelegenheit auch diesen Witz erzählen: „Wein aus Südafrika? Hoffentlich kein Weißer, ich will die Apartheid nicht unterstützen!“

... STEHT HIER NICHT“

Länder, die hier nicht stehen, sind uninteressant – um es höflich zu formulieren.

Kult-Weingüter

Die folgende Liste erhebt keinen Anspruch auf Vollständigkeit. Sie erhebt nicht den Anspruch, die besten Weingüter des jeweiligen Landes zu listen. Erst recht ist dies keine Liste der einzigen Weingüter, die Sie kennen sollten (je mehr, desto besser). Diese Liste zeigt das absolute Grundrepertoire, das ein Wein-Liebhaber hinsichtlich Weingütern haben sollte. Die Betriebe, über die am meisten und in den breitesten Kreisen geredet wird. Böse Briefe, weil Ihr persönlicher Star (z.B. Valandraud), Ihr liebstes Weinanbaugebiet (z.B. Châteauneuf-du-Pape) oder gar Ihr liebstes Weinland (z.B. Neuseeland, Schweiz) nicht aufgeführt wurden, sind unnötig. Ehrlich.
Ein guter Rat: Erstellen Sie niemals eine solche Liste!
Nicht, dass wir uns falsch verstehen. Sie müssen die Weine dieser Güter nicht verkostet haben. Es reicht zu wissen, woher sie kommen und dass sie als extrem gut angesehen werden.
Grundsätzlich sollten Sie über französische und deutsche Weingüter am meisten wissen, gefolgt von Italien und Spanien. Alles andere ist fakultativ.
So, und jetzt auswendig gelernt!

Frankreich

Bordeaux

Die großen Fünf:
Das Vaterunser jedes Weinkenners, die zehn Gebote und feuchter Traum in einem. Damit können nur SIE gemeint sein. SIE, das sind die fünf 1er (Premier) Cru Classé von 1855 – das heißt, die vier von 1855 plus den einzigen Neuzugang aller Zeiten. 1973 schaffte Mouton den Aufstieg vom 2er zum 1er, das Lebenswerk von Philippe de Rothschild. Diese Namen kann jeder Weinfreund im Schlaf herbeten (manch einer tut dies wahrscheinlich sogar). Bei jedem neuen Jahrgang stellt sich die Frage, wer der Fünf die Nase vorne hat. Es sind Geldanlagen, Trophäen und – fast immer – fantastische Weine. Nicht mit Cola zu vermischen.
Die Fünf sind:

Château Haut-Brion

Schattoo Oh-Brijohn

Jedes Wort ist zu viel. Zum Beispiel dieses: „Haut". Und dieses: „Brion". Und auch diese: „ist das Starweingut in Pessac-Léognan. Und dort werden nicht nur exzellente Rote, sondern auch Weiße produziert – einmalig im Bordeaux. Die Frage, ob alle anderen einfach zu blöd dazu sind, wird niemals gestellt. Das ist halt so. Schließlich ist die Erde auch eine Scheibe.
Haut-Brion ist wohl das strahlendste Beispiel für zweifarbige (rot / weiß) Châteaus. Komisch, sind die Weinberge doch von den Ausläufern der Stadt Bordeaux eingekreist. All das ist Legende. Die lässt sich natürlich nicht trinken, aber gerade darum passiert es."

Château Lafite-Rothschild

Schattoo Lafiett-Rotschild

Weil die Bordeaux-Fans so wahnsinnig einfallsreich sind und außer Bordeaux auch nicht viel kennen, nennen sie Lafite-Rothschild den Margaux unter den Pauillacs. Das wäre ungefähr so, als würde man Knäckebrot als das Pumpernickel unter den Trockenbroten bezeichnen. Hinter der blöden Analogie steckt eigentlich nur, dass der Wein sehr elegant ist. Außerdem riecht der Wein nach Zedern. Vermutungen, ob da irgendwas reingeschüttet wird, sollten Sie sich sparen. Auch die Frage, warum es keine Zedernwälder mehr in der Region gibt.

Château Latour

Schattoo Latuhr

Latour ist für Feiglinge. Und Faulenzer. Warum? Die Qualität ist hier eigentlich immer – unabhängig vom Jahrgang – exzeptionell. Hier können Sie immer zugreifen. Das ist natürlich furchtbar öde, aber professionell. Genau wie Lafite gehörte es auch mal dem Marquis de Ségur (der Krösus hatte auch noch Calon-Ségur). Ein monumentaler Wein, den können Sie getrost in den Garten neben den Rodin stellen.

Château Margaux

Schattoo Mar-go

Sie kennen die Appellation Margaux? Dies ist das zugehörige Gut. Das ist natürlich der reinste Luxus, eine Region zu haben, die so heißt wie das eigene Weingut. Man gönnt sich ja sonst nichts. Die Weine sind elegant. Es gibt eigentlich keine eleganteren. Zumindest im Médoc. Das zugehörige Schloss ist übrigens auch elegant. Was auch sonst?

Château Mouton-Rothschild

Schattoo Muh-Tohn Rotschild

Die Erfolgsgeschichte des Bordeaux. Die Geschichte des Baron Philippe de Rothschild. Der übernahm 1922 das Ruder. Er schaffte es, das Schiff in erstklassiges Gewässer zu steuern, in das seit 1855 niemand mehr gelangt war. Ohne Metaphern heißt das: Mouton-Rothschild war ein 2er Cru und wurde ein 1er. Der einzige Neuzugang im elitärsten Weinclub der Welt. Das Weingut hat immer sehr schöne Etiketten, von weltberühmten Künstlern gestaltet. Das machen mittlerweile auch Trollinger-Produzenten. Die Künstler sind dann halt nur dorfberühmt. Aber wer merkt schon den Unterschied?
Anderes Kultiges aus der Kultregion:

Château d'Yquem

Schattoo Die-kem

Ist dies der beste Süßwein der Welt? Und wichtiger: Haben Sie das Geld, um es herauszufinden? Der goldgelbe, Honignoten und Aromen von süßen Früchten verströmende Wein aus 80% Semillon und 20% Sauvignon Blanc wird sehr, sehr aufwändig produziert. Mini-Erträge (unter 10 hl/ha), über zehn Lesegänge, bis zu drei Jahre in neuen Barriques und, und, und. Das Qualitätsdenken ist so ausgeprägt, dass es in „kleinen" (= schlechten) Jahren keinen Wein gibt. Folglich stammt jeder „Château d'Yquem" (der einzige Premier Cru Supérieur des Sauternes) aus einem mindestens guten Jahr und erfüllt wie kaum ein anderer Wein der Welt stets die Erwartungen. Hinter all dem steckt die Familie Lur-Saluces, die ist zwar nur noch Minderheitsaktionär, schwingt aber trotzdem das Zepter. Vielleicht der wichtigste Weingutsname der Welt – auch, wenn Sie deutsche edelsüße Weine vorziehen.

Château Le Pin

Schattoo Le Pehhhhn

Dieses weltbekannte Weingut ist nur läppische zwei Hektar groß. Es gibt also sehr, sehr wenig. Fast automatisch ist der Wein Kult und seine Qualität steht außerhalb jeder Diskussion. Und Punktzahl. Die manchmal in keinem Verhältnis zum Preis steht. Die Farbe des Weines schon eher, die ist nämlich tiefdunkel, das Aroma des Weines exotisch. Klassifiziert ist dieses Weingut nicht, würde jedoch bei einer Neuordnung ganz oben liegen. Das wissen aber nur Kenner (und Sie!).

Château Pétrus

Schattoo Peh-trüss

Die Familie Moueix hat nicht nur sehr viele Vokale in ihrem Nachnamen, sondern auch etliche Weingüter in ihrem Besitz. Darunter „Dominus" in den USA und als Prunkstück „Pétrus" in Pomerol (neben u.a. „La Fleur-Pétrus" und „Trotanoy"). Für alle Merlot-Fans stellt „Pétrus" die Vollendung dar. Denn Pomerol ist Merlot. Üppig, rund und vornehm ist dieser Herrscher des Gebiets. Klingt nach Fürst Rainier von Monaco? So in etwa schmeckt der Wein auch. Grace Kelly hätte ihn geliebt.

Château Ausone

Schattoo Oh-Son

Was sonst kaum jemand weiß: Das Schloss ist benannt nach dem römischen Schriftsteller Ausonius (4. Jahrhundert), dessen Villa dort einmal stand. Der Mann hat aber auch ein schönes Gedicht über die Mosel geschrieben.

Tolles Detail: Die Weine von Château Ausone werden in natürlich kühlen Kalkfelsenkellern ausgebaut. So toll dieses Detail ist, in den 70er Jahren des letzten Jahrhunderts wurde auf dem Gut mal nicht gut gearbeitet. Deshalb sollten ältere Jahrgänge nicht blind gekauft werden. Außerdem braucht ein Château Ausone sehr lange, bis er trinkreif ist. Nimmt man noch hinzu, dass dieses Weingut sehr klein ist – gerade mal sieben Hektar –, es also wenig Wein gibt, wird klar: ein hervorragender Anwärter für Ihr Lieblingsgut. So kompliziert, dass sich kaum ein Weinkenner damit beschäftigen wird.

Château Cheval-Blanc

Schattoo Schewall-Blohnk

Einer von zwei Premier Grand Cru Classé (A) in St. Émilion (kommen Sie allmählich durcheinander mit den ganzen Crus? Genau das wollten die Franzosen erreichen! Täuschen und tarnen!). Der andere ist Ausone. Wenn Sie mal zufällig einen 1921er Cheval Blanc auf der Karte einer Imbissbude finden, sollten Sie den Wein bestellen. Nehmen Sie ruhig noch eine Hypothek auf Ihr Haus, Ihre Eigentumswohnung oder Ihre Wellblechhütte auf, dieses Zeug ist wahrlich groß (und mit feinem Minzegeschmack). Gut zu wissen: Cheval Blanc ist nicht weit von Pétrus entfernt. Und: Cabernet Franc (die hier Bouchet heißt) ist mit 60% im Cuvée die Hauptsorte im Wein. Ungewöhnlicher Kraftprotz.

Château Climens

Schattoo Klie-mohns

Barsac ist Teil von Sauternes. Auch hier werden edelsüße Weine erzeugt. Climens ist das d'Yquem von Barsac. So einfach ist das. Da weniger Leute es kennen, ist es hipper, „Climens" zu trinken als „d'Yquem" – weil das kennt ja jeder.

Burgund

Domaine de la Romanée-Conti (DRC)

Domähn de la Rommaneh-Konti

Hier wird totaler Perfektionismus praktiziert. Geboren werden Pinot-Noir-Diven. Einzelstücke. Kaum eine Flasche ist wie die andere. Vor Enttäuschungen ist niemand gewappnet, der eine Flasche des Kultes kauft. Das gehört dazu, das Risiko, eine Niete zu ziehen oder den Hauptgewinn. Zum Besitz von DRC – so sagt der Kenner – gehören Parzellen in den Lagen „La Romanée-Conti", „La Tâche", „Grands Echézeaux", „Richebourg", „Romanée-St-Vivant" und „Le Montrachet" (die beste Chardonnay-Lage der Welt). Legenden, eine wie die andere. Vermutlich das am meisten gelobte Rotweingut dieses Planeten. Reden Sie stets davon, als hätten Sie hier Ihre Jungfräulichkeit verloren.

Domaine Leroy

Domähn Le-Rowa

Die Domaine Leroy, das ist Lalou Bize-Leroy und sie lebt in der Steinzeit. So wird hier Wein gemacht. Wobei Steinzeitmenschen natürlich noch nicht Steiners Biodynamik-Regeln kannten. Sie hätten sie aber anwenden können. Das Weingut ist deswegen so bekannt (und großartig), weil Lalou Bize-Leroy bis 1991 bei DRC war. Ist DRC der König des Burgund, Leroy ist die Königin. Alle Weinkenner sind ihnen gute Untertanen.

Hospices de Beaune

Ospiz de Bohn

Die berühmteste Weinversteigerung der Welt startete 1859. Seitdem werden jeden dritten Sonntag im November die Jungweine versteigert. Das Geld fließt in die Hospices de Beaune, ein Krankenhaus. Die Versteigerungspreise gelten als Gradmesser für die

Qualität des Jahrgangs im Burgund. Sie sind aber auf jeden Fall überteuert. Traditionell. Es sind immer auch weniger gute Weine unter dem Hammer, trotzdem kaufen viele die Tropfen blind. Zumindest trinken sie schlechten Wein für einen guten Zweck.

CHAMPAGNE

BOLLINGER

Bollehngeh

Schmeckt und riecht anders als „normale" Champagner, weil die erste Gärung (zum Teil) in Barriques stattfindet. Die Weine sind nicht nur dadurch sehr kräftig. Nichts für Weicheier.

KRUG

Krüg

Auf Krug können sich die meisten als den besten Champagner der Welt einigen. Das ist er auch.

LOUIS ROEDERER

Lui Röde-rer

Zar Alexander II. war schon Fan von Roederer-Champagner. Da sollten Sie nicht nachstehen. Mit dem „Roederer Cristal" wurde 1876 das erste Prestige-Cuvée der Welt geschaffen. Viele Weine des Hauses weisen eine feine Zitronennote auf. Kein Grund, jetzt ans Schweppes-Gesicht zu denken!

Moët & Chandon

Moh-eh eh Schohndohn

Hier wird der berühmteste Champagner der Welt produziert: „Dom Perignon". Benannt nach einem Mönch. Ist trotzdem nicht in der Fastenzeit erlaubt. Mit dieser Brause wurden sogar schon Raumschiffe („Enterprise") getauft. Also erste Wahl für Ihren Toyota Diesel Kombi.

Ruinart

Räu-nahr

Dieses „Haus" sollten Sie kennen, da es das älteste der Champagne ist (1729). Der Gründer – Dom Ruinart, ein Mönch – hat gern einen mit Dom Perignon gezecht. Bei den beiden wäre wohl so mancher gerne in die Messe gegangen.

Salon

Salohn

Diese Marke ist nicht so bekannt, aber Weinkenner wissen, dass hier absolute Spitzenprodukte erzeugt werden. Der „Le Mesnil" – nur aus Chardonnay – ist einzigartig und reift so gut wie kaum ein anderer Champagner. Salon ist aber nur etwas für Säurefreunde. Aber deutsche Gaumen und Mägen sind durch Riesling bestens abgehärtet.

Taittinger

Tett-ehngäh

Hier ist die Familie noch Herr im eigenen Haus. Taittinger erzeugt nicht nur einen hervorragenden Standard-Champagner, sondern mit dem „Comtes de Champagner" auch einen der vollendetsten Prestige-Champagner. Auch Taittinger hatte früher – als das entsprechende Gut noch nicht zum Konzern gehörte, den es damals nämlich noch gar nicht gab – einen Mönch (wie es sich für die Champagne gehört): Dom Oudart. Dafür könnte man der Kirche fast die Kreuzzüge verzeihen.

Veuve Cliquot Ponsardin

Wöwf Klikoh Poh-sardehn

Kennt selbst die Oma aus Gelsenkirchen. „Datt is doch getz der mit dem orange Etikett?" Genau der ist es, Oma. Leider ist das Zeug qualitativ überhaupt nicht doll. Lassen Sie die Flaschen lieber im Ex-Duty-Free-Shop stehen.

Rhone

Domaine E. Guigal

Domähn E Guigall

Hier wird mit modernsten Mitteln gezaubert. Weinmachen ist hier nicht nur hohe Kunst, sondern schlicht Magie (sagt die internationale Presse). Ihre Zunge wird keinen Trick bemerken.

Maison M. Chapoutier

Mäsohn Emm Schappuh-tje

Die Etiketten des Hauses sind mit Blindenschrift versehen. Eine tolle Sache. Auch der Flascheninhalt: erstklassige, konzentrierte Weine. Die Weingüter Jean-Louis Chave und Auguste Clape sind vielleicht besser, bekannter aber ist Chapoutier, schließlich treiben sich dessen Eigentümer gerne in der Weltgeschichte rum. Dabei ist es an der Rhone doch so schön.

Paul Jaboulet Ainé

Pohl Schjabuhleh Ähneh

Das Gut hat seit Jahren einen großen Ruf, dem es nicht mehr gerecht wird. Aber die Menschen – vor allem jene, die einen Keller voll mit Jaboulet Ainé Weinen haben – rufen weiter. Sie hören nicht zu.

Neuerdings sollten Sie auch Weingüter aus Languedoc-Roussillon kennen. Die wichtigsten heißen:

Château de la Negly

Schattoo deh lah Neeglieh

Domaine Gauby

Domähn Goh-bie

Mas de Daumas Gassac

Ma deh Dohmass Gass-sack

Deutschland

Schlossgut Diel (Nahe)

Auf Burg Layen lebt Armin „The Big Deal" Diel. Heiß umstritten, gefürchtet und respektiert. Diel vereint vieles in sich. Er ist Winzer, Showman, Verkäufer von Gottes Gnaden, Wein- und Gourmetkritiker, Weinverbandsfunktionär, Botschafter des Weins und vermutlich noch etliches mehr, was den Terminplan so richtig voll macht. Unumstritten sind seine Verdienste um den deutschen Wein und seine grandiosen edelsüßen Rieslinge. Ansonsten reiben sich viele Wildsäue an dieser deutschen Eiche. Den Baum schert's wenig. Diejenigen mit genialen Diel-Kreszenzen im Keller ebenso wenig.

Dönnhoff (Nahe)

Das Weingut Hermann Dönnhoff, Hort des Guten und Wahren. Hier wird nach alter Väter Sitte Wein gemacht. Der größte Teil der Aufmerksamkeit gehört dem Weinberg, im Keller wird auf Holzfässer gesetzt und wenig Einfluss genommen. Die Weine sind über jeden Zweifel erhaben. Die Auslesen und Eisweine aus der Lage „Oberhäuser Brücke" strahlen, der Chef und seine Frau sind grundsympathisch. Es gibt nichts zu kritteln. Deshalb sprechen nur Leute, die gerne kritteln, nicht über dieses Weingut.

Fritz Haag – Dusemonder Hof (Mosel-Saar-Ruwer)

Haags Fritz keltert frische Rieslinge, frische Rieslinge keltert Haags Fritz. Kein Zungenbrecher. Auch die Weine nicht. Zungenschmeichler, Zungenkitzler, Zungenkino. Die Filme sind Klassiker. Ihre Namen: „Brauneberger Juffer" und „Brauneberger Juffer Sonnenuhr". Riesling Spät- und Auslesen sind die Spezialität des Gutes, vor allem Erstere macht in Deutschland niemand besser – nur anders.

Egon Müller-Scharzhof (Mosel-Saar-Ruwer)

Wie Goethe, Schiller, Ringelnatz – ein Klassiker. Die Weine sind seit jeher für deutsche Verhältnisse wahnsinnig teuer, was daran liegt, dass sie nicht für deutsche Verhältnisse gemacht sind. Eher für jene in den USA oder Japan. Der Betrieb verkauft nicht an Endverbraucher. Nur einige ausgewählte Händler führen die Weine, es handelt sich also um extrem seltenes Zeug und somit um Kult-Stoff. Bei den Wein-Versteigerungen bringt so was natürlich Rekordpreise. Ich hab was, was du nicht hast. Ätschbätsch!

Dr. Heger (Baden)

Bei badischem Wein führt kein Weg an diesem Gut vorbei: Dr. Heger. Und natürlich Weinhaus Joachim Heger. Und Weingut Otto Fischer – alles Heger-Güter. Die besten Weine produziert das promovierte Weingut. Bei weißen Burgundern aus Baden hat dieser Betrieb die Meinungsführerschaft inne. Die berühmte Lage des Hauses heißt „Ihringer Winklerberg" und bekommt im Jahr mehr Sonnenstunden ab als jede andere in Deutschland. Heiße Weine!

Karl H. Johner (Baden)

Ein Pionier, ein Desperado, ein Unbeugsamer. Ein Winzer, der dahin ging, wohin noch nie ein deutscher Winzer zuvor ging. Ins Barrique-Fass. In den Tafelwein. Natürlich nicht in persona, aber in Form seiner flüssigen Kinder, der Weine. Die kommen alle ins Barrique, die werden alle als Tafelwein verkauft. Und die sind alle gelungen. Bei den roten ist das Burgund Vorbild – das schmeckt man. Das Weingutsgebäude ist ein kalifornisch-toskanischer Traum. So einen gibt's in Deutschland selten. Ein Winzer mit Profil und Visionen.

Keller (Rheinhessen)

Das beste Weingut Deutschlands. Die Familie Keller siegt im vinologischen Fünfkampf: Trockener Riesling, Fruchtsüßer Riesling, Edelsüßer Riesling, Weißer Burgunder, Rotwein. In allen Bereichen sind sie deutsche Spitze. Dazu kümmern sie sich auch noch um verkannte Rebsorten wie Scheurebe und Silvaner, führen sie gar zu echter Größe. Da ist Demut angesagt, nichts als Demut.

Koehler-Ruprecht (Pfalz)

„Kallstadter Saumagen" heißt die Toplage des Gutes. Wollen Sie mehr wissen? Der Wein ist gut. Grandios sogar. Natürlich geht's hier um Riesling. Das Gut hat einen großen Keller und genug finanzielle Rücklagen sowie Geduld, um die Weine erst dann auf den Markt zu bringen, wenn sie ideal gereift sind. Ein „R" oder gar ein „RR" verrät dies auf dem Etikett. Der Chef des Hauses macht mittlerweile auch Wein in Südafrika und Portugal. Da können Sie also einfach mal behaupten, seine Pfälzer Weine würden darunter leiden. Irgendeiner stimmt Ihnen bestimmt zu.

Müller Catoir (Pfalz)

Pfälzer Klassiker, der im Alleingang die Lage „Haardter Bürgergarten" berühmt gemacht hat. Dann schassten sie einen der besten und wohl den einflussreichsten Kellermeister Deutschlands. Nicht alle Geschichten haben ein Happyend.

Andreas Laible (Baden)

Es gibt kaum ein größeres Lob für einen Winzer als „Verrückter". Andreas Laible ist ein Verrückter. Goldmedaillen pflastern seinen Weg (von Landes- und Bundesweinprämierungen). Wo kommt das viele Gold her? Aus dem „Durbacher Plauelrain", einer Steillage, in die sich keine Maschine traut. Und warum ist Laible ein Verrückter? Weil er verrückt viele Weine abfüllt. Weil es verschiedene Rieslingklone sind, weil einige von neueren Rebstöcken sind und und, und. Hier werden die feinen Unterschiede zelebriert. Jedes Weinchen bekommt sein Fläschchen. Und die Sortiments-Proben dauern bis spät in die Nacht...

Joh. Jos. Prüm (Mosel-Saar-Ruwer)

Wie der Scharzhof ein Klassiker, vielleicht aber eher Heine als Goethe. Prüm-Weine werden gratis mit einem besonderen Extra geliefert: der Prümschen Note. Würden andere Weine so riechen, Weinkenner gössen sie als fehlerhaft in den Orkus des Vergessens. Bei Prüm aber ist es große Klasse. Warum? Weil die Weine gut altern und irgendwann wundervolle Aromen entwickeln.

Behaupten zumindest jene, die gereifte Jahrgänge verkostet haben. Sagen und Legenden.

Robert Weil (Rheingau)

„Oh, Lobelt Weil, Weingut im schönen Lheingau, mit glandiosen Lieslingen, tollen edelsüßen Kleszenzen, die eine glasklale Flucht aufweisen. Einfach supel!"
So, weiter führt dieser Witz nicht. Und hier die Auflösung: Das Weingut Robert Weil gehört dem japanischen Suntory Konzern (die machen auch japanischen Whisky). Weil-Weine haben vor allem ein verbindendes Element – ein hellblaues Etikett. Für deutsche Verhältnisse ist das Gut mit seinen über 60 Hektar ziemlich groß und trotzdem sind fast alle Weine aus dem „Kiedricher Gräfenberg" famos, dazu kommt ein großes Renommee im In- und Ausland. Respekt.

Schön ist es auch, einige Weingüter von der Ahr zu kennen: Kreuzberg, Meyer-Näkel, Deutzerhof, Stodden.
Bei allen gilt: Spätburgunder rules! Und Frühburgunder, der frühreife Bruder und Schnellentwickler. Ahrweine sind gefragt, die Mengen sind gering (weil das Anbaugebiet klein ist), der Anbau ist schwierig (Steillagen), die Preise sind hoch. Leider sind die Weine aber auch verdammt gut.

Italien

Aldo Conterno (Piemont)

Alldoh Kontärno

Nicht Giacomo Conterno! Aldo! Das zweite Conterno-Gut ist aber nur unwesentlich weniger gut (von „schlechter" kann man da nicht sprechen). Bei Giacomo ist Traditionalismus angesagt, bei Aldo wird Moderne und Tradition vereint, bei Paolo schließlich heißt der Topwein „Barolo Ginestra", kommt aber nicht an die Werke der anderen beiden Configure heran. Und die „Conterno-Fantino" gibt es auch noch im selben Ort (Monforte d'Alba). Conterno – die Kraft der vier Herzen (eigentlich sind es mehr, aber wir wollen hier nicht kleinlich sein).

Elio Altare (Piemont)

Ehlijo Altare

„Feinsinn geht vor Muskelkraft" – gefällt Ihnen die Aussage? Würden Sie sie unterschreiben? Und gerne Adäquates trinken? Elio Altare ist Ihr Mann. Sein Kredo: Kurze Maischestandzeit und neue Barriques. Ziel: runde, weiche Tannine. Das Problem: Die Weine sind so gefragt, dass Sie keine bekommen und weiter harte, bittere Tannine zu sich nehmen müssen. Elio Altare kann's verkraften.

Gaja (Piemont)

Gahjah

Angelo Gaja – die Lichtgestalt des Piemont. Genannt „Angelo nazionale". Manche sind so geblendet, dass sie den Weg zu anderen Winzern – selbe Qualität, niedrigerer Preis – nicht finden. Es sei Angelo Gaja gegönnt. Er machte den Namen „Barbaresco" weltberühmt, scheute nicht vor neuen vinologischen Methoden zurück, blickte lange und gründlich nach Frankreich und produziert ebenso komplexe wie harmonische Weine. Mittlerweile auch in Montalcino und der Maremma. Große Geister kennen eben keine Grenzen.

Marchesi Antinori (Toskana)

Maarkehsie Antinoori

Geschichte gibt es in Italien viel, auch Antinori hat welche. Hier geht sie zurück bis ins 14. Jahrhundert. Schon lange wird hier nicht nur über Innovation geredet, sondern sie wird gelebt.

Mit „Tignanello" und „Solaia" produziert das Haus zwei der „Super-Tuscans" – Weine mit großen Teilen internationaler Rebsorten. Also Cabernet Sauvignon. Oder Merlot. Manchmal auch Cabernet Franc. Viele dieser Weine enden auf „o" oder „a". Das sind auch die Laute, welche ausgestoßen werden, wenn diese Weltklasse-Weine getrunken werden.
Die Familie hat richtig viel Geld und richtig viele Weingüter. In der Toskana, in Umbrien, Apulien, im Piemont und in Kalifornien. Wahrscheinlich auch bald bei Ihnen um die Ecke.

Marchesi de' Frescobaldi (Toskana)

Maarkehsie de Fressko-baldi

Eine, nein *die* traditionsreiche Florentiner Kellerei. Dieses Haus produziert verdammt viele Weine, darunter verdammt viele nicht so tolle. Zu Frescobaldi gehören rund 1.000 Hektar Weinberge (ungefähr so groß wie die deutschen Weinanbaugebiete Ahr und Mittelrhein zusammen). Die Kellerei hat unter anderem einen Chianti (der „Rufina Montesodi" ist zweifellos herausragend) im Programm, natürlich einen Super-Tuscan („Mormoreto" – alle guten Namen waren schon weg).
Und aus welchem schmutzigen Geschäft kommt diese adlige Familie, die seit dem 14. Jahrhundert erfolgreich Weinbau betreibt? Aus dem Bankwesen. Da sag noch mal einer, Wein sei keine sichere Geldanlage.

La Spinetta (Piemont)

La Spinetta

Die Rivettis vom Weingut „La Spinetta" sind die neuen Stars der Region. Nicht nur wegen der Nashorn-Etiketten. Hier ist noch alles in Bewegung, Neuerungen sprießen munter auf dem Weingut. Der Aufstieg war kometenhaft, obwohl die Piemonteser von solchen Himmelskörpern in ihren Weinbergen wenig halten.

Tenuta dell' Ornellaia (Toskana)

Tehnuhta dell Orneh-laja

Noch ein Antinori, diesmal Ludovico. Mit dabei: André Tchelistcheff. Kein Franzose, kein Russe, sondern Kalifornier. Kaliforniern gehört das Weingut mittlerweile auch, allerdings nicht Tchelistcheff (wie der sich ausspricht, müssen Sie selbst herausfinden…), sondern den Mondavis. Vier Weine werden produziert, zwei davon sind Kult. Der „Ornellaia“ und – noch besser – der „Masseto“. Letzterer besteht aus 100% Merlot und ist einer der größten Merlot-Weine der Welt. Beides sind „Super-Tuscans“. Klingt wie italienische Comic-Helden, oder?

Tenuta San Guido (Toskana)

Tenuta Sann Gihdo

Kurz und knackig: Von hier stammt der berühmteste Wein Italiens. Sein Name „Sassicaia“. Ein Super-Tuscan aus Cabernet Sauvignon und Cabernet Franc. Es gibt ihn schon seit Ende der 60er Jahre. „Tignanello“ (siehe Marchesi Antinori) und „Sassicaia“ waren die ersten ihrer Art.
Der „Sassicaia“ ist Kult. Über-Kult. Er ist Legende. Er ist Mythos. Und er ist viel eleganter, als die meisten glauben. Ein feiner Wein – im ursprünglichen Sinne des Wortes.

Nicht schaden kann es, sich folgende Betriebe einmal anzuschauen:

Alois Lageder (Südtirol)

Aloh-ies Lahgeder

Bruno Giacosa (Piemont)

Bruhno Djakosah

Ca' de Bosco (Lombardei)
Kah de Bosskoh

Castello di Ama (Toskana)
Kas-tello die Ahma

Castello die Fonterutoli (Toskana)
Kas-tello dij Fonnterru-tohli

Domenico Clerico (Piemont)
Domenikoh Klerikoh

Fattoria die Felsina (Toskana)
Fattohrija dij Felsina

Paolo Scavino (Piemont)
Paholo Skawinoh

Vinnaioli Jermann (Friaul-Julisch Venetien)
Winnei-ohli Dschermann

Mario Schiopetto (Friaul-Julisch Venetien)
Marijo Schijohpetto

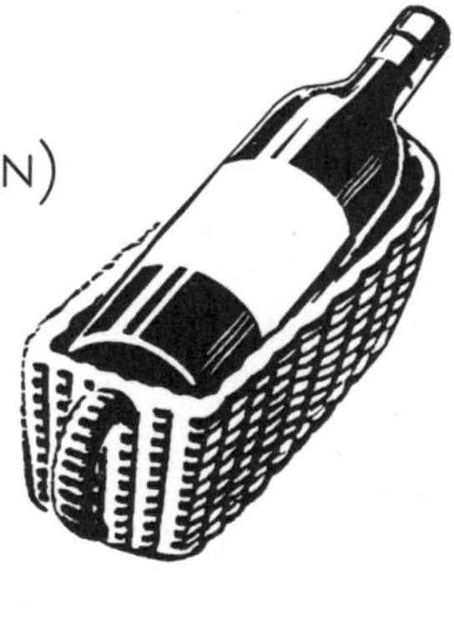

Spanien

Alvaro Palacios (Priorato)

Alwahro Palasssiosssss

Fast war der Knall zu hören – das Priorato hat sich in Überschallgeschwindigkeit neben Rioja und Ribera del Duero als spanische Qualitätsregion etabliert. Erst 1991 kam der erste „neue“ Priorato-Wein heraus. Heute ist die Region ganz oben. Wichtiger Unterschied: Im Gegensatz zu den beiden erstgenannten Regionen herrscht hier die Garnacha-Traube.

Alvaro Palacios ist der Star der Region. Der Riojaner hat ein gottähnliches Selbstbewusstsein. Da er seinen „L'Ermita“ für die Spitze der spanischen Weinproduktion hielt, verlangte er auch spitzenmäßig viel Geld dafür. Sprich: mehr als jeder andere spanische Wein damals kostete.

Der Coup gelang.

Nur wenig schwächer und wirklich preiswert sind seine beiden anderen Priorato-Weine, der „Finca Dofi“ und der „Les Terrasses“. Aber über die wird natürlich kaum geredet.

Bodegas Alejandro Fernandez (Ribera del Duero)

Bodegahs Alechandro Fernandesssssss

Alejandro Fernandez singt gerne. Er hat auch allen Grund dazu, wird ihm doch die (bekanntlich stets ungewisse) Vaterschaft für den modernen Ribera-Stil zugesprochen. Kaum vorstellbar, dass der Grundstein für seinen Ruhm erst in den 70er Jahren gelegt wurde, als er das Weingut gründete. Das Etikett sieht nach Jahrhunderten Tradition aus – genial geblufft!

In den 90ern machte ihn Weinpapst Robert Parker zu einem Kultwinzer. Seine sortenreinen Tinta del Pais Weine gelingen vor allem durch die ultra-penible Arbeit im Weinberg. Und das Singen.

Bodegas Y Vinedos Vega Sicilia (Ribera del Duero)

Bodegahs i Vinjedos Wegah Sizilia

Der „Unico" ist der beste Rotwein Spaniens. Das Weingut ist gesichert wie ein militärischer Sperrbereich. Geheimnisse? Zumindest ist die Qualität der Weine unglaublich. Einiges ist bekannt, zum Beispiel, dass dem nach Trockenfrüchten duftenden „Unico" sogar etwas Weißwein der Sorte Albillo beigemischt ist – echtes Insiderwissen.

Bekannt ist auch, dass bei Gründung des Gutes Bordeaux-Rebstöcke geholt wurden, um der heimischen Tinta del Pais unter die Arme zu greifen. Aber erklärt das irgendetwas? Nein. Deshalb ist ein „Unico" ja so wunderbar.

Dominio de Pingus (Ribera del Duero)

Dominjo de Pingus

Ein Däne macht den teuersten Wein Spaniens. Braut als Nächstes ein Panamese das beste Bier Deutschlands? Aber es ist so, Peter Sisseck hat nach dem Vorbild der neuen Stars im Bordeaux ein Garagen-Weingut etabliert. Er suchte sich alte Rebstöcke mit bestem Terroir und machte alles richtig. Manches auch komisch: Die Trauben werden noch mit den Füßen leicht angequetscht.

Der Zweitwein „Flor de Pingus" ist leider überhaupt nicht großartig. Es sei denn, Sie lutschen gerne Holz.

Miguel Torres (Penedes)

Miegu-ell Torres

Über Miguel Torres ist schon sehr viel geschrieben worden, ganze Wälder fielen wohl der Berichterstattung über ihn zum Opfer. Deshalb kurz: größter Weinbaupionier Spaniens (und einer der größten Chiles), fantastische Weine (zum Beispiel der „Grans Muralles" aus fast verschwundenen Rebsorten). Miguel Torres' Appetit auf neue Experimente ist unstillbar. Egal, wie viel Wein er produziert.

Außerdem sollten Sie folgende Namen schon mal gehört haben:

- CIMS DE PORRERA (PRIORATO)
  Simms de Porrera

- CLOS ERASMUS (PRIORATO)
  Klo Erassmus

- CLOS MOGADOR (PRIORATO)
  Klo Mogadoor

- FINCA ALLENDE (RIOJA)
  Fincka Alljende

- MARQUEZ DE MURRIETA (RIOJA)
  Markess de Murrjeta

- RODA (RIOJA)
  Roda

RIBERA DEL DUERO

Südafrika

Hamilton Russell

Hemmilton Rassell

In nahezu jedem Land fühlt sich irgendjemand verpflichtet, großen Pinot Noir zu produzieren. Und versucht es. Und scheitert. Weil die Rebsorte eben eigen ist, weil sie ein sehr eigenes Klima braucht, weil sie einfach herumzickt. Das Weingut Hamilton Russell liegt in der Region „Walker Bay", dort ist es kühler (= gut für Pinot Noir). Hier wird ein wirklich ordentlicher Pinot Noir produziert. Aber eben kein großer. Über den Chardonnay wird wenig geredet. Der ist Weltklasse.

Kanonkop

Kannonn-kohp

Rambos Lieblingswein. Der vom Kanonenhügel, harrharrharr! Nichts für Pazifisten. Leider, leider stand hier nur eine Signalkanone, die einlaufende Schiffe ankündigte. Rambo kann also weiter amerikanisches Bier oder gleich Spülwasser trinken.
Kanonkop ist berühmt für seinen Pinotage, dieser südafrikanische Versuch, eine interessante rote Rebsorte zu züchten. Die anderen Experimente blieben uns erspart...
Kanonkops Pinotage ist eine sichere Bank, wie auch die große Bordeaux-Cuvée „Paul Sauer" (ein Vorfahre der Besitzer).

Meerlust

Meer-lüst

Es war einmal eine Zeit, da waren die meisten Weine aus Südafrika mies. Das machte aber nichts, da sie sowieso niemand außerhalb trank, denn in Südafrika herrschte Apartheid. Das wollte niemand im Glas haben (klang irgendwie ansteckend). Ein Gut aber produzierte Weine von internationaler Klasse, ein Weingut wurde geachtet und respektiert. Meerlust. Hier wurde und wird auf Eleganz gesetzt, Frankreich ist das Vorbild, egal, ob beim Prestige-Cuvée „Rubicon", bei Pinot Noir oder Chardonnay. Mittlerweile ist Meerlust links und rechts überholt worden. Aber das Gut hält unbeirrbar Kurs. Und in der Weinwelt werden Güter respektiert, die ihr Fähnchen nicht nach dem Wind drehen. Ahoi!

Thelema

Tee-lee-ma

Früher war „Thelema" eine Obstplantage. Seit Anfang der 90er gilt das Weingut als Spitze des südafrikanischen Weinbaus – was nicht an der hohen Lage auf dem Helshoogte-Pass liegt. Einer der rasantesten Aufstiege am Kap – bevor rasante Aufstiege der Trend wurden. Der Cabernet Sauvignon ist Legende. Die Weine sind rar und teuer. Der Weingutsname leicht zu merken. Mehr braucht es nicht für ein Kultweingut.

Veenwouden

Feehn wauden

Veeeeeeeeeeeeenwouden, Veenwoooooooooooouden! Applaus! Applaus! Applaus! Hier singt der Chef selbst. Und der heißt Deon van der Walt, seines Zeichens Opernsänger, wohnhaft in Zürich. Die Weine des Hauses sind klassisch elegant, keine Fruchtbomben, keine Tanninsalven, keine Extraktgranaten – friedliche, feine Weine. Der „Classic" ist ein ebensolcher. Auch Sie werden nach einigen Schlucken anfangen zu singen. Veeeeeeeeeeeeenwouden, Veenwoooooooooooouden!

Vergelegen

Färr chelehchen

Eines der ältesten Weingüter Südafrikas? So ist es. Das schönste Weingut Südafrikas? Ja. Ein Kunstwerk der Architektur? Jawohl.

Weine, die einen von Hocker reißen? Definitiv. Weiß wie rot herausragend? Das steht außer Frage. International renommiert? Sicher. Viele Auszeichnungen? Mehr als genug. Billig? Ist der Papst radikal-islamisch?

USA

Dominus Estate

Dominus Esstäijt

Dominus gehört zum Moueix-Imperium (u. a. Château Pétrus in Bordeaux). Es ist ein so genanntes Jointventure, die sind zurzeit in der Weinwelt extrem hip. Theoretisch soll der „Dominus" – genau wie der Zweitwein „Napanook" – das Beste beider Welten, also Frankreichs Eleganz und Kaliforniens Fruchtfülle, vereinen. Theorie und Praxis sind nicht dasselbe.

Opus One

Opus Wuon

Das berühmteste Jointventure der Weinwelt. Dahinter stecken Robert Mondavi und die Rothschilds (Mouton). Der Keller des Weinguts ist sehr schön. Eine architektonische Glanzleistung. Damit hat man sich viel Mühe gegeben.
Der Wein verkauft sich gut.

Robert Mondavi Winery

Robbertt Mondavi Weinerie

Die Mondavis haben sehr viele Ideen. Schon 1966 war das so, als sie die erste neue Kellerei im Napa Valley seit der Prohibitionszeit gründeten. Robert Mondavi erfand den „Fumé Blanc" für Kalifornien, einen Sauvignon Blanc aus dem Barriquefass. Seit den 1970er Jahren ist „Natural Winegrowing" die große Philosophie des

Unternehmens – eine Art naturnaher Anbau. Über die Mondavis gibt es sehr viel Interessantes zu berichten. Das Entscheidende aber ist, dass ihre Weine halten, was der berühmte Name verspricht. Selbst diejenigen der günstigen Woodbridge-Linie. Mondavi ist ein großes Unternehmen mit Herz und Verstand. Und vielen Ideen – auch wenn manche davon schief gehen. In Südfrankreich scheitern sie grandios. Aber das macht die Mondavis nur menschlicher. Sonst wären sie einem auch schon unheimlich.

SCREAMING EAGLE

Skrieming legl

Das kultigste unter den kultigen Kult-Weingütern hat einen peinlichen Namen: „Screaming Eagle" (auf dem Label steht übrigens noch „Fly high and proud" – kein Kommentar). Klingt mehr wie ein amerikanischer Tattoo-Laden. Aus den USA, genauer dem Napa Valley, kommt der Wein (ein Bordeaux-Cuvée) denn auch. Aber eigentlich wird nie über ihn gesprochen, sondern nur über seinen Preis. Die Rarität der Raritäten wird noch nicht einmal in homöopathischen, sondern nur in esoterischen Mengen erzeugt (500 Kisten pro Jahr). Es gibt ihn erst seit 1992 und er ist bereits der teuerste junge Rotwein der Welt, und seit eine 6-Liter-Flasche 1992er auf einer Wohltätigkeitsauktion für 500.000 Dollar (andere sagen 1,5 Millionen Dollar, andere gar 7,5 Millionen Dollar – die Legenden sprießen in Zeiten der schlampigen E-Mails) versteigert wurde auch der teuerste überhaupt. Schmeckt okay. Ziemlich konzentriert.

AUSTRALIEN

CLARENDON HILLS

Klaren-d'n Hilz

Die meisten neuen Topstars Australiens finden sich hier nicht. Ihre Halbwertszeit ist einfach nicht bekannt. Sprich: Wie lange strahlen sie noch?

Roman Bratasiuk wird sich wohl noch lange nicht zersetzen. Sein „Astralis" ist einer der neuen Kultweine des Landes, die anderen Tropfen seines Gutes – aus alten Rebanlagen, Mini-Erträgen, kleinen Parzellen – sind dichte Blockbuster mit Persönlichkeit. Das Weingut ist winzig, die produzierten Mengen entsprechend. Die Preise sind für Liebhaber. Reiche Liebhaber. Exemplarischer geht ein Kultweingut schon nicht mehr. Das müssen Sie kennen. Andere Kultweingüter sollten Sie regelmäßig der Fachpresse entnehmen.

De Bortoli Wines

De Bortoli Weins

Jedes Land, fast jedes Land, na gut, wenige Länder haben einen berühmten edelsüßen Wein. Südafrika den „Vin de Constance" (Klein Constantia), Italien den „Occhio di Pernice" (Avignonesi), Deutschland „den" Eiswein.
Australien hat den „Noble One". Er wird aus edelfaulen Semillon-Trauben hergestellt. Früher hieß er Sémillon-Sauternes. Also eine Kopie. Aber was für eine. Toller Wein, selten zu bekommen, gar nicht so teuer. Die anderen Weine des Hauses sind auch gut, aber spielen in der Landesliga (oder der Kontinentklasse – wie immer Sie belieben), nur der „Noble One" – was für ein cleverer Name im Übrigen – reist glanzvoll um den Erdball.

Henschke

Hennschkie

Das lobt sich der deutsche Weinpatriot: Stephen und Prue Henschke haben in Deutschland Weinbau studiert und sich dabei kennen und lieben gelernt. Ist also quasi ein deutsches Weingut. Machen ja auch Riesling. Aber auch Shiraz. Zum Beispiel den „Hill Of Grace" (100 Jahre alte Rebanlage) und den „Mount Edelstone". Diese Weine aus dem südaustralischen Eden Valley sind Weltspitze. „Wir" Deutschen – wenn auch nur „wir" Teilzeitdeutschen – können's also auch rot! Und elegant! Mit feinem Holzeinsatz! Zu horrenden Preisen! Wertarbeit!

Egal, dass Stephen Henschke so gut wie kein Wort Deutsch mehr spricht. War ja kaum jemand vor Ort, um es nachzuprüfen.

Jim Barry

Dschimm Berrie

Vor Jahren, bevor Weinpapst und Punkteteufel Robert Parker die Weine des Kontinents in den klaren australischen Himmel lobte, gab es nur drei Icon-Weine (so hießen früher die Kult-Tropfen): „Grange" (Penfolds), „Hill Of Grace" (Henschke) und „The Armagh" – von Jim Barry. Dieses Weingut liegt im relativ kühlen – wir reden hier von einem Land, das heißer ist als Ihr Schwenkgrill – Clare Valley. Dort wächst guter Riesling, auch Jim Barry produziert so einen. Um den kümmert sich aber so gut wie keiner. Alle reden nur von seinem „The Armagh", einem Shiraz. Der soll gut altern, tut er aber nicht. Ziehen Sie trotzdem nicht drüber her, denn wenige wissen es und noch weniger geben es zu.

Penfolds

Pennfouls

Anbetungswürdig oder verachtenswert? Entscheiden Sie selbst. Penfolds ist ein riesiges Weingut. Es gehört zu einer riesigen Gruppe (Southcorp). Penfolds produziert den legendärsten Wein des Landes, den Grange (ehemals „Grange Hermitage"), einen Shiraz. Und auch viele andere fantastische Weine. Den Bin 707, einen der besten Cabernet Sauvignons des Kontinents. Den Yattarana, einen der besten Chardonnays. Alle Weine sind ziemlich, über sehr, bis verdammt teuer.
Und trotzdem.
Zu viele kennen dieses Weingut. Zu viele haben schon einmal einen Penfolds Wein getrunken. Trinken Sie, was das gemeine Volk sich kauft?

Petaluma

Pettaluhma

Australier lieben gute Geschichten. Sie lieben besonders Geschichten von Menschen, die es geschafft haben. Vom Surfbrettwäscher zum Millionär. Was in Deutschland Neid hervorruft („Das hätte ich auch gekonnt!", „Womit hat der das verdient?"), führt im Känguruland zu kollektivem Freudensprung. Brian Croser heißt einer dieser Helden, der die Weißweinindustrie des Kontinents auf den Kopf stellte (Reinzuchthefen, gekühlte Gärung, reduktiver Ausbau). Chardonnay und Riesling sind groß. Mitte der 80er begann er mit Weltklasse-Schaumwein. Ein Visionär, der extrem selten Interviews gibt. Ein Verrückter also. Prima. Den darf man gut finden.

Wynns

Winns

In der Coonawarra-Region, berühmt für seine rote Erde („Terra Rossa"), auf der der Cabernet Sauvignon sich so wohl fühlt, hat niemand mehr Land als Wynns. Das heißt, Wynns produzieren eine Menge Weine. Sie müssen sich nur zwei merken. Erstens „Michael", einen Shiraz, zweitens „John Riddoch", einen Cabernet Sauvignon. Gebietsspitze? Auf jeden Fall Gebietslegenden. Wynns gehört wie Penfolds zu Southcorp. Das finden unabhängige Denker natürlich überhaupt nicht gut. Mit solchen Skrupeln dürften sie aber nur wenige australische Weine trinken. Über Bord werfen müssen sie sie nicht. Nur nicht drüber reden.

Österreich

Franz Hirtzberger

In einem Gutshaus findet sich das Weingut Franz Hirtzberger. Das heißt, darin finden sich auch wunderbare Rieslinge aus dem Singerriedel und elegante Veltliner aus dem Honivogl. Darin befindet sich zudem ein perfektionistischer und hoch angesehener Winzer.

Emmerich Knoll

Der Weltmeister der hässlichen Etiketten. Oder geschmackvoller Traditionalist? Wer Knolls Weine liebt, liebt seine Etiketten. Wie sie aussehen? Unbeschreiblich. Unfälle eines gläubigen, farbenblinden Naturalisten. Mit Hang zum barocken Pathos. Und besoffen.
Spötter meinen, die Weine seien so wie die Etiketten. Das stimmt nicht. Sie sind nicht gläubig. Knolls Weine von den Top-Lagen Schütt, Kellerberg oder Pfaffenberg sind monumental, eigen und faszinierend. Einmalig – wie die Etiketten.

Alois Kracher

Supername. Den hätte sich kein Marketingstratege besser ausdenken können. Die Kracher-Weine sind Kracher. Dazu „Alois", damit auch jeder direkt weiß, wo der gute Mann herkommt. Und – Überraschung! – international ist kein österreichischer Winzer so berühmt wie eben dieser Herr Kracher. Der ist im Übrigen auch ein Marketinggenie. Seine Weine aus dem Seewinkel, genauer dem Ort Illmitz, sind Süßweine der Spitzenklasse. „Nouvelle Vague" heißen die süßen Brummer aus dem Barrique, „Zwischen den Seen" die traditionellen.

Franz Xaver Pichler

Wir sagen nicht Franz Xaver Pichler. Wir Insider sagen F.X., gesprochen „Effix". In Dürnstein-Oberloiben liegt dessen Weingut – das ist in der Wachau. Seine Veltliner und Rieslinge sind Monster, sein bester Wein heißt „Unendlich". Kann man die Weine auch trinken? In kleinen Schlucken. Sind sie wirklich grandios? Wer's mag. Sollten Sie es mögen? Ja.

Die passendsten Weinbeschreibungen

Weinbeschreibungen sind das tägliche Brot des Wein-Liebhabers, sie bilden eine eigene Sprache, derer Sie genau wie Ihrer Muttersprache mächtig sein sollten. Büffeln ist unerlässlich, ansonsten werden Sie nie wissen, ob der Duft von „Pferdeschweiß" bei einem Wein positiv oder negativ gemeint ist (positiv) oder „Terroir" eine ukrainische Windhundrasse bezeichnet.

Neutrale Weinbeschreibungen

Folgende Beschreibungen können Sie für Weine verwenden, die Sie hochjubeln oder niedermachen wollen. Jeder Begriff ist wertfrei. Es kann jedoch zu viel oder zu wenig der jeweiligen Duftnote im Wein vorhanden sein, das Aroma kann künstlich, plump, elegant oder differenziert sein. Sie können die Statements beugen wie ein Eisenbieger den Stahl. Sie können die Begriffe zum Guten oder zum Schlechten verwenden. Es liegt ganz bei Ihnen...

„Banane" / „Stachelbeere" / „Gelbe Früchte" / „Rote Früchte"

Legen Sie los, suchen Sie sich was im Obstladen aus, es ist reichlich da. Je besser der Wein, desto mehr ist darin zu „erriechen". Ganze Plantagen finden sich. In den meisten Weinkennerkreisen wird nicht widersprochen, wenn jemand eine Frucht riecht (mit Gemüse und Fleisch sieht es dagegen anders aus!).

„Die Frucht. Die Frucht."

Frucht hat eigentlich jeder Wein, mal mehr, mal weniger. Die anderen Weinkenner werden sich auf Ihren Ausspruch stürzen und über die Frucht diskutieren. Pflichten Sie dann stets dem Meinungsführer bei.

„Frisch poliertes Leder"

Solange Sie kein Gerbermeister sind, kennen Sie sowieso kein anderes, denn Ihr Wildlederschuh von „Dolce & Gabbana" sondert keine Düfte, außer den durch Sie hinzugefügten, ab. „Poliertes Leder" klingt aber viel besser als einfach nur „Leder".

„Genauso hab ich mir den vorgestellt!"

Ob positiv oder negativ – bei dieser Aussage besteht keine Gefahr. Egal, wie der Wein tatsächlich ist, Sie haben es gewusst!

„Katzenpisse"

Ja, Sie haben richtig gelesen: Katzenpisse. Genantere Weinkenner kürzen es mit KP ab. Wird häufig synonym mit Cassis, also schwarzen Johannisbeeren, verwendet. Klinische Tests haben bewiesen, dass kein Wein wie Katzenpisse riecht, aber man könnte es denken, wenn man sie nicht direkt nebeneinander stehen hat.

„Kirsche"

Kirsche ist immer gut. Nicht nur bei „Tutti Frutti" – möge es lange in Frieden ruhen. Kirsche ist bei Rotwein ein so sicherer Tipp wie Blasendruck nach schwarzem Tee. Mit anderen Worten: Es führt kaum ein Weg daran vorbei.

„Paprika (grüne/rote/gelbe)"

Eine sichere Bank, wenn Sie einen Cabernet Sauvignon im Glas haben. Die riechen immer danach.

„Ranzig"

Obacht! „Ranzig" kann positiv wie negativ sein. Äußert ein Gegenüber diese Beschreibung, achten Sie auf den Gesichtsausdruck: Abscheu oder Wertschätzung? Eigentlich gibt es bei „normalen" Weinen (also kein Port, Sherry oder andere höherprozentige Säfte) nur ein Herkunftsland, das es auf ranzige Noten anlegt. Die Spanier. Sie bringen ihre Weine teilweise sogar ranzig auf den Markt. Die Theorie ist, dass dies den Wein komplexer macht. In der Praxis gibt es nur wenige Bodegas, denen dies gelingt. Bei allen anderen ist der Wein einfach ranzig – und sonst nichts.

„Tabak"

Tabak allein ist billig und Ihrer nicht würdig. Machen Sie daraus einen süßen Tabak oder einen gesaucten, einen bitteren oder trockenen, einen würzigen oder rauchigen. Tabak ist schließlich nicht gleich Tabak. Wenn Sie tiefer in der Materie sind, können Sie auch behaupten, ein Wein weise Aromen von Virginia-Tabak auf – versichern Sie sich in diesem Fall jedoch vorher, dass niemand im Raum etwas von Tabak versteht.

„Trüffel"

Jeder, der jemals Trüffel gegessen hat, wird Ihnen bestätigen, dass sie nach nicht viel riechen. Was zumeist an den mikroskopischen Mengen liegt, in welchen sie gereicht werden. Nichtsdestotrotz gibt es einen Trüffelgeruch, den man sogar in himmelschreiend teuren Weinduftkästen finden kann, und viele Weinjournalisten meinen, bei besonders hochwertigen Weinen von Trüffeln schreiben zu müssen. Ein Tipp: Haben Sie einen Wein im Glas, der modrig-nussig riecht, und das erstaunlicherweise nicht unangenehm, behaupten Sie, es sei Trüffel. Man wird nicken. Wenn Sie das sagen, wird das schon stimmen. Wow, er/sie weiß, wie Trüffel riecht, muss schon viel davon gegessen haben, muss ordentlich Kohle sein Eigen nennen. Und an diesem Punkt in der logischen Kette angekommen, werden alle deutlich enthusiastischer bestätigen, dass der Wein nach Trüffel riecht: „Ganz eindeutig!", „Ja, dieser feine Duft, unverkennbar!", „Ach, wie ich dieses Aroma liebe", „Und auch im Mund, ah, da bekomme ich direkt wieder Appetit!" Alle werden Ihnen dankbar sein, dass Sie ihnen diese Möglichkeit zur Profilierung geboten haben. Übertreiben Sie es jedoch nicht, nutzen Sie Trüffel als Geheimwaffe. Lief ein Abend bisher schlecht, könnte Ihnen „Trüffel" aus der Patsche helfen.

„Was für ein femininer Wein!"

Ein Wein, der so schmeckt, wie Kylie Minogue aussieht: wohl gerundet, anschmiegsam, verführerisch. Chauvinistischer geht's nicht mehr. Aber schließlich ist Wein (hoffentlich noch lange!) eine Männerdomäne. Wo darf Mann so was sonst noch sagen?

„Was für ein maskuliner Wein!"

Ein Wein, der so schmeckt, wie Götz George aussieht: kantig, herb, kraftvoll. Sexistischer geht's nicht mehr. Aber schließlich ist der Wein (nicht mehr lange!) eine Männerdomäne. Denen kann man die Stereotype ruhig mal um die Ohren hauen!

„Weinbergspfirsich"

Das wird Eindruck machen. Anderen reichen Pfirsich oder Aprikose zur Beschreibung. Sie aber riechen Weinbergspfirsich. Von diesem mythischen Obst haben zwar einige schon gehört, denn viele Winzer fabrizieren daraus zuckrigen Likör, aber einen leibhaftig gerochen haben sie noch nie. Also nutzen Sie die Chance und erzählen Sie, wie Sie mit einem Winzer, der in der Gruppe hohes Ansehen genießt, im Weinberg flanierten: „Er geleitete mich an seinen ältesten Baum und führte mich in die unzähligen Geheimnisse dieser Frucht ein." Sprechen Sie von dem „unnachahmlichen Duft, den ich nie wieder vergessen werde". Und wenn der Neid die Köpfe Ihrer Mittrinker rot färbt, fügen Sie hinzu: „Der Baum ist mittlerweile unverzeihlicherweise abgestorben und niemals wieder wird ein Mensch dieses atemberaubende Odeur wahrnehmen können". Das sollte Schmerzen verursachen.

„Zartbittertannine"

Es kommt Ihnen vor, als hätte jemand einen Beutel „Jacobs Krönung" in Ihren Rachen geschüttet? Zartbittertannine! Bei zwei Beuteln können Sie auch „Mokka" in die Runde husten. Obacht! Sollte der Wein zusätzlich extrem nach Mandeln schmecken, könnte es sich um Blausäure handeln, die Ihnen ein missgünstiger Mittrinker untergemischt hat.

Unpassende Weinbeschreibungen

„Der schmeckt aber gut!"

Siehe „lecker"

„Lecker"

Raus mit Ihnen! Gummibärchen sind lecker oder Erbsensuppe, von mir aus auch Schlumpf-Eis, aber doch kein Wein! Würden Sie über 1.000 Euro für etwas bezahlen, das lecker ist? Eben! Wer Wein trinkt, macht dies, weil er eben nichts Leckeres trinken will. Wein wird getrunken, weil man darüber mehr als nur ein Wort sagen kann, weil sich trefflich darüber philosophieren lässt und weil jeder prima zeigen kann, was für eine dicke Hose er doch hat und dass er mehr Fremdwörter kennt als Günther Jauch.

Positive Weinbeschreibungen

Positive Statements sind in zwei Fällen angebracht.
Fall 1: Der Wein ist wirklich gut.
Fall 2: Der Wein ist von Ihnen.

„Animalisch"

Wenn Sie ein Mann sind und Damen anwesend, die Sie beeindrucken möchten, denen Sie eindeutig klar machen wollen, dass in Ihrem distinguierten Äußeren ein brunftiger Höhlenmensch steckt, der nur darauf wartet, Frauen die Kleider vom Leib zu reißen, dann sagen Sie bewundernd und mit tiefer Stimme „animalisch". Fügen Sie hinzu, dass es genau das sei, was Sie an einem Wein fasziniere. Benutzen Sie zudem die Worte „unbändig" oder „ungestüm", gerne genommen werden auch „kraftvoll" und „wild". Nehmen Sie dann einen großen Schluck und raunen Sie hörbar „Aaah!", als hätten Sie gerade das Blut Ihrer Feinde aus der Nachbarhöhle getrunken. Frauen mögen das. Bieten Sie Ihrem Objekt der Begierde daraufhin auch einen Schluck an. Sprechen Sie davon, was der Wein mit Ihrem Körper anstellt, ob sie all die „Unbändigkeit" und „Wildheit" spüre. So, den Rest müssen Sie jetzt schon alleine hinkriegen.

„Ausgesprochen mineralisch"

Wenn ein Wein nach nichts riecht (und zu Fisch passt), ist das der richtige Kommentar. Niemand hat jemals Minerale gerochen. Geht ja gar nicht.

„Champignons aus der Dose"

Das muss so. Die Region heißt Madiran und einige Weintrinker – die wahrscheinlich auch S/M-Praktiken nicht abgeneigt sind – lieben diese Weine heiß und innig. Eigentlich sollten sie lieber Weine aus der Rebsorte „Domina" trinken – aber Madiran ist eben der wirklich perverse Stoff. Muffige Keller, alte Fässer – hier gibt es einiges zu riechen, das sich sonst nirgendwo findet. Der Übeltäter – die Rebsorte Tannat – hat allerdings ein Gutes: Sie reift hervorragend. Nach etlichen Jahren des Wartens werden die Weine tatsächlich halbwegs trinkbar. Wer jetzt meint, diese Tropfen wären billig, der irrt sich gewaltig. Die Weine kosten deutlich mehr als eine Dose Champignons – obwohl man sie nicht in der Pfanne braten kann.

„Davon würde ich mir schon ein paar Kisten hinlegen."

Das Wein-Äquivalent zu „Die würde ich nicht von der Bettkante schubsen." Der große Weinkritiker Hugh Johnson hat ein ganz eigenes System, nach dem er Weine beurteilt. Solche, von denen er sich eine Flasche zulegen würde, solche, bei denen es eine ganze Kiste wäre, und schließlich die allerbesten, bei denen er gleich den ganzen Weinberg kaufen würde. Hugh Johnson verdient allerdings auch genug.

„Der Abgang will ja niemals enden."

Wenn der Wein nachschmeckt... und nachschmeckt... und nachschmeckt... und nachschmeckt... und man befürchtet, selbst nach dem Zähneputzen noch etwas davon zu haben, dann ist dieser Satz angebracht.

„Der Wein hat viel Körper."

Sie bekommen Ihre Zähne nicht mehr zusammen? Es ist, als hätte Ihnen jemand Socken in den Mund gestopft? Ist das nicht ein wunderbares Gefühl? Ja, so ist es mit den körperreichen Weinen. Und sie werden von Jahr zu Jahr körperreicher gemacht, denn die Winzer sind sich sicher, dass wir sie so, und nicht anders, lieben.

„Dieser Wein ist wie ein Waldspaziergang!"

Dies hat natürlich nichts mit einem profanen Waldspaziergang zu tun, Sie treten dabei nicht in Hundedung oder überholen stetig asthmakranke Rentner. Nein, dieser Wein eröffnet eine Welt, genauer: den Deutschen Wald. Den Wald, für den Greenpeace seit Jahrzehnten streitet, den Wald, den Sie in der Krombacher-Werbung von oben sehen, den Wald, in dem sich Hase und Igel höflich gute Nacht sagen – den Wald also, den wir schon längst in praktische Einbauschränke von Ikea verwandelt haben. Wenn ein Wein würzig duftet, nach irgendwelchen Kräutern, Sie aber auf Teufel komm raus nicht wissen, wonach der Wein nun genau riecht, dann haben Sie einen Wein, der wie ein Waldspaziergang duftet. Sie können bei dieser Gelegenheit natürlich noch persönliche Anekdoten einflechten und Ihr Publikum so zu Begeisterungsstürmen antreiben. Zum Beispiel: „Als ich vor drei Jahren des Abends in Anatolien lustwandelte und mich rücklings in eine kleine Lichtung mitten in einem unberührten Wald sinken ließ, die Schmetterlinge turtelten um meine Arme – da duftete es genau wie dieser Wein." Sie waren natürlich weder jemals in Anatolien noch würden Sie drei Schritte gehen, wo Sie doch Ihr Auto haben. Aber glauben Sie mir: Je mehr Wein Sie trinken, desto eher werden Sie sich an diesen Urlaub erinnern.

„Ein ehrlicher Wein!"

Sie beweisen Ihre Bodenständigkeit. Natürlich gibt es keinen unehrlichen Wein, selbst Tropfen aus Staaten mit loser Moral werden Sie kaum anlügen – es sei denn, Sie haben schon sehr, sehr viel von ihnen getrunken. Erst dann beginnen Weine – ehrliche wie unehrliche – mit Kommunikation.

„Grandios!"

Weinkenner sagen nicht „Gut" oder Ähnliches. Unter „Grandios" geht gar nichts.

„Kristallklar"

Farblos.

„Passt wunderbar zu Fisch!"

Riecht und schmeckt ein Wein nach nichts, passt er gut zu Fisch. Vor allem, wenn einer **Ihrer** Weine nach nichts riecht und schmeckt und die Flasche eventuell auch noch teuer war, sollten Sie seine Begleiterfähigkeiten herausstellen. Erwähnen Sie möglichst noble Fische: Seezunge, Seeteufel, Heilbutt. Sprechen Sie vom Wein als „idealem Begleiter", der die „feinen Aromen" unterstreicht. Natürlich könnten Sie ebenso gut Wasser zum Fisch trinken anstatt dieses Weins, aber im Wasser treiben es schließlich die Fische. Da erübrigt sich jeder weitere Kommentar.

„Passt wunderbar zu Wild!"

Wenn ein Wein Sie mit seinen Aromen, seinem Alkohol und seiner an Eintopf erinnernden Zähflüssigkeit niederprügelt – dann passt er bestimmt gut zu Wild. Alle Welt glaubt nämlich, Wild hätte einen so starken Eigengeschmack, dass nur Wein mit einem starken Eigengeschmack dazu passen würde. Also am besten Wein,

den man solo nicht genießen kann. Dies spiegelt die alte mathematische Regel „minus mal minus gibt plus" wider.
Natürlich hat das meiste Wild nur einen leichten Eigengeschmack und ist zudem niemals der Hauptgeschmacksträger auf dem festlichen Teller, zu dem der Wein ausgesucht werden sollte. Aber das interessiert keinen. Zu irgendwas muss schließlich jeder Wein passen.

„Rot wie Blut"

Blickt jemand der Anwesenden plötzlich zu Ihnen, wenn Sie dies sagen? Blitzen seine Augen auf und bleckt er die Zähne? Hoffentlich haben Sie Knoblauch dabei.

„Sexy"

Jetzt geben Sie aber Gas! Es gibt keinen Wein, der sexy riecht oder schmeckt. Wie sollte das auch gehen? Falls der Wein eine aphrodisierende Wirkung auf Sie ausübt, Sie sich also plötzlich „sexy" fühlen, könnte das an Ihrer Begleitung liegen oder an der Person, die Sie gerne als Begleitung für den Nachhauseweg hätten. Wenn dem so ist, könnte der Wein in Ihrem Glas genauso gut Kefir sein. Dann wäre es eben sexy Kefir.

„So muss ein Wein sein!"

Wenn alle sich positivst geäußert haben, dann dürfen Sie das sagen.

„Toll, wie der tränt!"

Damit meinen Sie nicht Sylvester Stallone in „Rocky I", sondern den Wein in Ihrem Glas. Wenn ein Wein „tränt", also gotische Bögen in Ihrem Glas hinterlässt, nachdem Sie es geschwenkt haben, und „Tränen“ herablaufen, weist dies auf einen hohen Glycerin-Anteil hin. Das ist ein gutes Zeichen und hat nichts mit zugefügtem Frostschutzmittel zu tun. Ein tränender Wein ist eine klasse Sache, je mehr Tränen, desto besser. Kein Grund, traurig zu sein! So merkwürdig ist die Welt des Weins manchmal.

„Was für ein wohl strukturierter Körper!“

Pamela Anderson? Brad Pitt? Der Neuankömmling im „Big Brother“-Container? Nein, auch hier geht es um den Wein. „Körper“ meint dabei das „Mundgefühl“ eines Weines. Also nicht sein Bouquet oder seine Farbe. Als Weine mit „schwerem Körper“ werden sehr alkoholische oder tanninreiche beschrieben. Ein „wohl strukturierter Körper“ ist einer, der zwar schwer ist, dabei aber differenziert, ausgewogen. Ein hohes Lob. Sparsam verwenden.

„Wie Milch auf der Zunge“

Bildet der Wein einen schleimigen Belag und verklebt die Mandeln? Magerstufe oder Vollfett? Sie werden es kaum glauben, aber diese Beschreibung ist tatsächlich positiv!

„Wie wundervoll differenziert sich das Terroir präsentiert.“

Soviel Sie auch schnuppern, es findet sich keine Frucht, auch keine vegetalen Noten. Holz- oder Rauch-Aromen? Fehlanzeige. Aber nach irgendetwas duftet er, irgendwie erdig? Waren vielleicht Kalkablagerungen im Weinglas? Ein wenig stumpf sah es ja schon aus...
Terroir meint das Kleinklima eines Weinbergs, aber auch – und im Sprachgebrauch vor allem – den Boden. Winzer zählen sich selbst gerne zum Terroir. Man kann mit dem Begriff also machen, was man will. Letztendlich ist es eine Glaubensfrage. Und darüber lässt sich trefflich streiten.

„Wundervoll blumig!"

Zusammen mit „feminin" anzuwenden. Weil Frauen ja bekanntlich nach Blumen riechen.

Negative Weinbeschreibungen

Negative Statements sind in zwei Fällen angebracht.
Fall 1: Der Wein ist schlecht.
Fall 2: Der Wein ist von jemandem, den Sie nicht leiden können.
Nähere Erläuterung zu Fall 2: Vielleicht denken Sie auf den ersten Blick, warum sollte ich einen guten Wein schlecht reden? Loben sollte ich ihn, nichts anderes als loben! Sie sind einem Trugschluss aufgesessen. In jeder Weinrunde ist nur Raum für einen Platzhirsch – Sie! Es ist jedoch nicht zu erwarten, dass Ihnen so einfach das Feld überlassen wird. Manch einer wird versuchen, sich die Zuneigung und den Respekt der anderen zu „erkaufen", indem er teure Weine kredenzt, die von geradezu atemberaubender Qualität sind. Dann heißt es handeln, und zwar schnell. Machen Sie diese Weine schlecht.

„Billig dropsig"

Riecht und schmeckt genau so. Sie werden es schon merken.

„Boah! Was für ein Stinker!"

Ohne Kommentar.

„Das ist Kindermord!"

Ist ein großer Wein noch nicht im schulfähigen Alter – mit anderen Worten unreif – wird sein Verzehr „Kindermord" genannt. Der Wein ist noch nicht auf seinem Zenit, man wird des Vergnügens beraubt, ihn auf diesem zu verkosten. Eine solche Flasche öffnet nur ein Weinkretin.

„Dem ist Vitamin C gespritzt worden."

Mit anderen Worten, hier hat einer Säure zugesetzt. Das ist in manchen – eigentlich den meisten – Ländern sogar erlaubt, weil die Trauben in den heißen Zonen von Natur aus nicht genug davon entwickeln. Da wird eben Vitamin C ins Fass geschüttet, die Säure ist dann deutlich zitronig und manchmal nicht gut in den Wein eingebunden, soll heißen: Sie „sticht" hervor.
Die Winzer bekommen den Trick aber immer besser in den Griff. Gut finden kann man das natürlich trotzdem nicht, auch wenn dadurch viele langweilige Weine überhaupt erst trinkbar werden.

„Den Wein hat einer mit der Holzkeule erschlagen!"

Selbst große Weine können in der Jugend vom Holz – also den Fass-Aromen – dominiert sein. Das kann weggehen. Andere sind tatsächlich tot, die Frucht erschlagen, das Holz überbordend, und werden sich nie mehr erholen. Egal,ob es sich um den ersten oder den zweiten Typ handelt, Sie können getrost oben stehenden Ausdruck verwenden. Er zeigt, dass Sie Witz haben.

„Der braucht Luft." / „Der muss sich noch öffnen."

Mit anderen Worten: Sie riechen nichts. Aber auch gar nichts. Entweder ist das in Ihrem Glas Wasser oder Sie haben Ihren

Geruchssinn zu Hause auf der Kommode vergessen. Die anderen wollen nun aber Ihre Meinung hören? Dieser Satz könnte Sie retten.

„Der ist ja dick wie Marmelade."

Einige der teuersten Weine der Welt sind so konzentriert, dass ein Löffel in ihnen stecken bleibt.
Sagt man.
In Wirklichkeit sind sie übervoll mit Tanninen, Fruchtaromen, Alkohol und was sonst noch zu einem anständigen Wein gehört. Was fehlt – zumindest wenn Sie diesen Spruch loslassen – ist Ausgewogenheit, Finesse, Klasse. Ein Wein sollte nicht dick wie Marmelade sein. Nur Marmelade sollte eine solche Konsistenz aufweisen.

„Die Säure beisst mich."

Die kleine Entzündung am Gaumen brennt? Ihre Zähne sind plötzlich stumpf? Das Sodbrennen ist schon mehr ein Flächenbrand? Sie haben es mit einem „sauren Hund" zu tun und wenn Sie weitertrinken, gleich Ihr Magen.

„Essig"

Der Wein ist um. Sagen Sie es ruhig, scheuen Sie sich nicht, brüllen Sie es laut heraus und machen Sie Ihrem Unmut Luft. Denn schließlich stehen Sie am Grab. Am Grab eines Weines, den Sie nicht mehr kennen lernen durften. Am Grab eines Weines, der sich aufgespart hat. Und wofür? Für nichts und wieder nichts! Stellen Sie Ihr Glas mit der Weinleiche hin, bestehen Sie auf einer neuen Flasche oder holen Sie selbst schnell eine aus Ihrem Keller. Wenn Sie dann den nächsten Wein einschenken (natürlich erst nachdem Sie den alten in die ewigen Weinberge geschickt haben), schwenken Sie vorher unbedingt die Gläser mit dem neuen Tropfen aus. Keine Spur der Verwesung soll im Glase bleiben. Blicken Sie wehmütig vor sich hin, philosophieren Sie über die Vergänglichkeit des Seins, in angemessener Stimmung auch über den Sinn des Lebens, weil doch ein Wein so sinnlos verstorben ist, all die Arbeit des tüchtigen Winzers umsonst war, die Zeit des Wartens nur eine Illusion. Nach diesem Sermon trinkt die Weinrunde einen großen Schluck von allem. Egal, ob Essig oder nicht.

„Frauenparfüm"

Sagen wir, wie es ist: Der Wein riecht wie ein siamesischer Männerpuff. Nirgendwo werden Sie jedoch diese Beschreibung finden. Sie zieht zu viele Fragen über die vorhandenen Kenntnisse nach sich. Auch „Frauenparfüm" steht nicht auf der Liste der zugelassenen Begriffe. Sie sollten vielmehr darauf beharren, dass der Wein schwer süßlich duftet, mit einer gewissen floralen Qualität. Es gibt Weinrunden, bei denen in Gegenwart solcher Weine Zoten über Balletttänzer ankommen würden – Sie sollten sich dessen vorher versichern! Das Wichtigste ist aber: nach „Frauenparfüm" sollte ein Wein nicht riechen. Nach „Herrenparfüm" schon, denn das bedeutet nichts anderes als „würzig" (sagen nur Personen, die noch nie eins benutzt haben).

„Grüne Tannine"

Grün heißt nichts anderes als unreif, klingt aber nicht ganz so vernichtend. „Grün" schmecken die Tannine (Gerbstoffe) natürlich überhaupt nicht. Sie sind vielmehr rau, der Wein pelzt im Mund, als säße ein Biber drin. Unreife Tannine werden nicht mehr reif, egal,wie lange Sie den Wein lagern. Die Flaschen können Sie vergessen. Verschenken!

„Käse"

Kommt vor. Sagt man aber nicht. Dies ist einer der Fälle, in denen Sie ein wenig protzen können. Riecht ein Wein nach Käse, lief die

Milchsäuregärung fehlerhaft ab. Kenner sprechen von „Biologischem Säureabbau“, Sie dagegen von „BSA" (nicht „BSE“!). Beim BSA wird die Apfelsäure in Milchsäure umgewandelt. Der Wein schmeckt dadurch weicher. Wird bei allen Rotweinen durchgeführt und eigentlich bei allen Weltklasse-Weißweinen, außer dem Riesling. Haben Sie also Käse in der Nase, sagen Sie: „Hier hat aber einer schlampig gearbeitet. Der BSA ist total verunglückt." Hut ab!

„Kleber"

Oder Nagellackentferner. Der Wein ist fehlerhaft. Der Winzer hat ihn zu schnell und bei zu hohen Temperaturen vergoren. Kenner sprechen von „flüchtiger Säure“. Leider flüchtet aber nicht die Säure, sondern Ihre Nase, und zwar weg vom Weinglas.

„Kork"

Heikel: Riechen alle einen Korkfehler und Sie schwadronieren über die Klasse des Weins, wird es zappenduster und Sie sind enttarnt. Andersherum: Riechen Sie als Einziger einen Kork und alle anderen nicht, sei es aus purer Unfähigkeit, Schnupfen oder Verödung der Nasenschleimhaut, sehen Sie wie ein Schwarzmaler aus. Und die sind nicht beliebt. Riechen Sie den Korkfehler als Erster und danach – aber erst danach! – bemerken ihn alle anderen, sind Sie der Überbringer einer schlechten Nachricht. Sie wissen schon. Und unter Umständen haben die anderen zwischenzeitlich den Wein über den grünen Klee gelobt. Diese werden dann sauer sein, dass Sie ihr Unwissen entlarvt haben. Garantiert. Wie Sie es also auch drehen und wenden: Halten Sie den Mund! Und beherzigen Sie die goldene Regel Nummer 8: „Sagen Sie niemals zuerst etwas über einen Wein!“ Selbst wenn Sie einen Korkfehler riechen und sonst niemand. Ruhe bewahren! Es sei denn, Sie wollen mit diesen Menschen nie mehr in sozialem Kontakt stehen.

„Macht satt."

Soll heißen: Davon trink ich keinen zweiten Schluck mehr. Wird von Weinen gesagt, mit denen man Nägel in die Wand schlagen kann.

„Nuttig"

Sie wollen einen Wein erledigen? Dies ist der Dolchstoß. Danach steht er nicht mehr auf.

„Widerlich"

Weißwein aus dem Jura.

„Zu alkoholisch"

Gibt es natürlich nicht. Wenn man mehr Alkohol fürs gleiche Geld bekommen kann – Hurra! Aber in letzter Zeit gewinnt eine zersetzende Bewegung innerhalb der Weinzirkel immer mehr Anhänger. Diese Gruppe sieht Eleganz und Ausgewogenheit als größte Tugenden eines Weines. Diesen – von echten Kampftrinkern als „Weicheier" bezeichneten – Gesellen reicht es im niedrigsten zweistelligen Bereich.
Wenn Sie jetzt denken, Sie könnten sich lieb Kind machen, indem Sie auf die Etiketten der Weinflaschen blicken und ab 10% aufwärts behaupten, der Wein sei zu alkoholisch, haben Sie sich geschnitten. So einfach kam Hannibal nicht über die Alpen! Es gibt auch Wuchtbrummen von Weinen, die mit 15% nicht „brandig" schmecken – weil sie gut gemacht sind. Und es gibt ebenso welche, die mit 12% schon deutlich zu viel haben.
Gehen Sie auf Nummer sicher: Nur wenn Ihrem Gegenüber die Tränen in den Augen stehen (und er keinen aktuellen Trauerfall in der Familie hat), sollten Sie darauf beharren, dass der Wein zu alkoholisch ist.

Wirklich gute Weine schlecht reden

Manchmal reichen negative Weinbeschreibungen nicht aus, manchmal muss es einfach mehr sein. Einige Weine sind so gut, so über jeden Zweifel erhaben, dass Sie mit ein bisschen Miesmacherei nicht weiterkommen. Für solche Fälle haben sich drei Sätze in Feldversuchen als bombensicher herausgestellt:

„Aber erwartet man nicht eigentlich doch mehr?"

Natürlich tut man das. Man erwartet, dass einem der Mund explodiert vor Aromen und der Wein vor lauter Extrakt nicht mehr den Schlund herunterpasst. Man erwartet den Orgasmus im Glas, die Erleuchtung und Antwort auf die Frage nach dem Sinn des Lebens, des Universums und des ganzen Restes. Eine nasale Entsprechung für Bachs Messe in H-Moll, etwas Transzendentales. Das kann natürlich auch kein „La Tache" leisten, kein „Le Pin", „L'Ermita", „Sassicaia", „Grange", „Screaming Eagle" oder wie sie alle heißen. Es sind schließlich Weine und keine Halluzinogene. Ein Wein ist ein Wein ist ein Wein. Dies ist ein Fakt, auf den eigentlich kein Weintrinker angesprochen werden will – die Hoffnung soll weiterleben. Hat Ihnen aber ein verhasster Bekannter einen dieser hundsteuren und überall in den Himmel gelobten Tropfen vorgesetzt, um Sie damit vor Ihrem Ehepartner und allen zufällig Anwesenden runterzuputzen, müssen Sie handeln. Mit „Aber erwartet man nicht eigentlich doch mehr?" nehmen Sie Ihrem Gegenüber und dem Wein im Glas allen Wind aus den Segeln. Niemand kann etwas dagegen sagen, schließlich kritisieren Sie clevererweise nicht den Wein im Glas, sondern Wein an sich. Sie stellen die Sinnfrage. Harter Tobak. Keiner wird sich darauf einlassen. Man wird Sie aufmuntern, Verständnis zeigen, und keiner der Anwesenden wird sich mehr mit dem fabelhaften Wein im Glas beschäftigen, den sie schon seit Jahrzehnten probieren wollten. Natürlich müssen Sie wissen, ob Sie das verantworten können...

„Zu international"

Hat ein Wein anständig Frucht, reife Tannine, viel Körper und Alkohol, so können Sie ganz einfach dreist behaupten, er sei zu international. Jeder anständige Weinfreund ist gegen den „internationalen Stil", der alle Weine gleich schmecken lässt. „Überkonzentriert" ist ein anderes Wort dafür. Natürlich ist es eine unglaubliche winzerische Leistung, solche Konzentration ins Glas zu bekommen, und nur durch strengstes Qualitätsmanagement, rigorose Ertragsbegrenzung und schonenden Ausbau möglich. Aber wen schert das? Der Wein kann schließlich nicht mehr auf seinen Beinen stehen. Nehmen Sie anständig Haltung an und sagen Sie mit dem Brustton der heiligen spanischen Inquisition: „Ich fordere Eleganz als oberstes Prinzip eines Weines!" Lassen Sie Argumente, dass auch ein konzentrierter Wein elegant sein könne, außen vor. Ebenso Einwände wie: „Konzentration ist doch nicht gleich bedeutend mit internationalem Stil, auch in der Konzentration kann ein Wein die Typizität seiner Herkunft widerspiegeln". Hier geht es um eine hehre Grundsatzfrage. Lieber einen dünnen, sauren, untrinkbaren Wein, bei dem man dafür genau weiß, dass er aus England (oder aus einer anderen zugigen Gegend) kommt, als einen reifen, süffigen, vollmundigen Tropfen, der partout aus allen hervorragenden Anbaugebieten der Welt stammen könnte.

Hat der Wein viele Auszeichnungen gesammelt, sagen Sie: „Medaillen, wen interessieren Medaillen?!"

Sie natürlich nicht. Jedes Land vergibt irgendwelche Medaillen, die zumeist nicht einmal... Sie wissen schon. Gold, Silber, Bronze, Hosenbandorden, suchen Sie es sich aus. Als gänzlich unabhängiger Weinfachmann, der Sie sind, ist Ihnen die Meinung anderer Leute natürlich vollkommen egal.

Todesstösse – Die Top 15

Manchmal ist es angebracht, einen Wein zu vernichten. Und zwar nicht auf zivilisierte Art und Weise, sondern mit der ganz groben Keule. Einige Weinkenner beschränken sich darauf, Begriffe wie „Château Schabrack", „Merde de Bouteille" oder „Domaine Clochard" fallen zu lassen. Aber dies kann bei einer angeheiterten Runde zu subtil sein. Versuchen Sie es lieber mit folgenden Aussprüchen:

Platz 15

„Eine Flasche dieses Weins gehört in jeden Haushalt – wenn man Flaschendrehen spielen will."

Platz 14

„Weine sind wie Wasserrutschen. Man begibt sich mit Leib und Seele ins Unbekannte, wird hin und her und hoch und runter geschleudert, empfindet dabei eine unbändige Freude und zum Ende hin wird man mit einem mächtigen Schwung in ein Becken mit erquickendem Lebenselixier geschleudert. Und sollte mal kein Wasser im Becken sein, hat man wohl einen Wein wie diesen erwischt."

Platz 13

„Am sechsten Tage schuf Gott den Menschen. Am siebten aber ruhte er, um am achten den Wein zu erschaffen. Am neunten Tage erbrach er dann wohl dieses Zeug hier."

PLATZ 12

„Ein guter Wein ist wie ein guter Freund, aber der hier fährt Ihr Auto zu Schrott, stiftet Ihre Kinder zum Drogendealen an und schläft mit Ihrem Partner."

PLATZ 11

„Manche Weine sind elegant wie Pumas, manche sind graziös wie Manta-Rochen, andere sind majestätisch wie Adler. Und diesen hier wollen wir mal ein Vinozeros nennen."

PLATZ 10

„Was für ein hervorragender Wein! Bestens geeignet für eine Bowle ... mit vielen Früchten ... auf einem Kindergeburtstag. Und tun Sie auf jeden Fall viel Zucker rein!"

PLATZ 9

„Diesem Tropfen gebühren gleich mehrere Auszeichnungen. Die erste, weil diesem Panscher von Winzer noch niemand auf die Schliche gekommen ist, die zweite dafür, dass noch niemand davon erblindet ist, und die dritte für die Dreistigkeit, das Ganze einen Wein zu nennen"

PLATZ 8

„Wein – das größte Geschenk Gottes an die Menschheit! Oh, ich bemerke gerade, dieser Winzer ist Atheist."

PLATZ 7

„Dieser Wein wird noch in 100 Jahren eine Zierde in Ihrem Weinkeller sein. Ich kann Ihnen nämlich nicht empfehlen, das Zeug zu trinken."

Platz 6

„Wenn man Weine mit großen Opern vergleicht, dann wäre dieser ein Liedchen von Dieter Bohlen."

Platz 5

„Dieses Bouquet erinnert mich an Paris. Die Stadt hat ja so große Probleme mit ihrem Abwassersystem."

Platz 4

„Wenn man bedenkt, dass nur 0,001% des Weines für Bouquet und Aroma zuständig sind, ist es eigentlich der Rede nicht wert, dass man hier gänzlich darauf verzichtet hat."

Platz 3

„Ein edler Tropfen versteht jedes bescheidene Mahl aufzuwerten. Schade, dass dies keiner ist. Na ja, bleibt das bescheidene Mahl."

Platz 2

„Seit Jahren bereise ich die Welt auf der Suche nach dem besten und dem schlechtesten Wein. Und heute darf ich mit großer Freude und Erleichterung feststellen, dass ich nur noch den besten suchen muss. Danke!"

Platz 1

„Wenn ein Formel-1-Fahrer einen groben Fehler macht,
kann er sterben.
Wenn ein Elektriker einen groben Fehler macht,
kann er sterben.
Wenn ein Soldat einen groben Fehler macht,
kann er sterben.
Und dieser Winzer darf einfach weiterleben –
warum nur, warum?"

ALLGEMEINE WEINKONVERSATION

Folgende Statements können auch ohne Glas in der Hand gemacht werden. Bei manchen ist allerdings Vorsicht angebracht.

„ABC"

= „Anything but Chardonnay". Erfunden von amerikanischen Weintrinkern, die plötzlich keine Lust mehr auf ihre fetten, breiten, alkoholischen, überholzten, austauschbaren Chardonnays hatten, die sie jahrzehntelang in der Presse abgefeiert und in rauen Mengen konsumiert haben. „ABC" zu sagen ist schick und zeigt, wie kosmopolitisch Sie sind. Wenn Sie witzig sein wollen, können Sie stattdessen auch „ABR" sagen. Das bedeutet „A Bottle Riesling".

„AHR-ROTWEIN? SO NAH AM NORDPOL KANN DOCH KEIN ORDENTLICHER TROPFEN WACHSEN!"

Könnte man meinen. Eigentlich ist am 50. Breitengrad, der durch den Rheingau läuft, Schluss. Aber die Ahr hat ein spezielles Mikroklima, das sie einige Breitengrade „herunterdrückt". Trotzdem können Sie versuchen, Ahr-Rotweine zu denunzieren. Vor Jahren wären Sie damit durchgekommen, mittlerweile weiß – zumindest die deutsche – Weinwelt, wie gut die Tropfen aus der Nähe des Nordpols sind. Sagen Sie also, selbst als Diplom-Geograf, lieber nichts in der Richtung.

„Bordeaux kaufe ich nicht, ist total überteuert."

Klar, weiß ja jeder. Bordeaux ist überteuert. So viel zu den Vorurteilen. Jetzt zur Wahrheit. Natürlich ist Bordeaux überteuert – aber welcher Teil Bordeauxs oder besser: welche Bordeaux. Die mit den großen Namen, die aus den berühmten Subregionen, vor allem dem Medoc, also St. Estephe, Pauillac, St. Julien, Margaux, aber auch „am rechten Ufer" in Pomerol und St. Emilion wird viel Geld verlangt. Aber eben nicht von allen Gütern. Die großen Namen geben die Preise vor und einige, die sich für groß halten, ziehen nach. Ratzfatz sind Preise über 200 Euro da.

Aber selbst diese Weine sind nur überteuert, wenn es um das Preis-/Genuss-Verhältnis geht. In Sachen Wiederverkaufswert oder Statusobjekt sieht die Rechnung ganz anders aus.

Eine weitere Information macht deutlich, wie unsinnig diese Verallgemeinerung ist. Bordeaux ist ein riesiges Anbaugebiet, eines der größten in Frankreich, rund 100.000 Hektar umfasst es und ist damit so groß wie die Rebfläche ganz Deutschlands! Halten Sie es für möglich, dass von dort ausschließlich überteuerte Weine kommen?

All das sollte Sie aber nicht stören. Für diesen Ausspruch werden Sie Kopfnicken ernten, traurig zustimmendes Kopfnicken. Ein besser gepflegtes Vorurteil gibt es unter Weinkennern nicht. Auf Bordeaux wird geschimpft – gekauft werden die Weine trotzdem.

„Diese modernen Weine schmecken doch alle gleich."

Klar, müssen sie ja. Alle Spitzenwinzer wissen mittlerweile, dass der Ertrag reduziert werden muss, wann die Trauben ihre ideale physiologische Reife haben, dass der Wein wenn möglich nur durch Schwerkraft bewegt werden sollte, wie viel Holz (= Holzfässer) welcher Wein verträgt und welche Trauben miteinander am besten harmonieren. Außerdem benutzen natürlich alle die gleichen Rebsorten. Weltweit.

Nein. Blödsinn. Leider kennen nicht alle die Regeln für großen

Wein und selbst wenn sie es täten, würde das legendäre „Terroir“ und die Handschrift des Winzers zu Veränderungen führen, die ihre Weine einzigartig machen.

„DIE GROSSE KUNST IST ES, EINEN GRANDIOSEN WEIN ZU FINDEN, DER WENIG KOSTET. GROSSE WEINE FÜR GROSSES GELD KAUFEN KANN JEDER.“

Die Sparsamkeit, eine urdeutsche Tugend (nicht nur eine schwäbische!). Es gibt Weintrinker, die kaufen die größten und teuersten Weine. Als Statussymbole, weil sie ihnen tatsächlich schmecken, oder einfach, weil sie es können. Alle anderen müssen sich mit den Krumen abfinden, die zum Glück qualitativ – wenn man nur sucht – nicht nachstehen. Haben Sie keine Angst, knauserig zu erscheinen! Sie wirken clever. Sie trinken das Beste, da machen Sie keine Abstriche, aber bei den Besten kennen Sie sich so gut aus, dass Sie die Weine auswählen, die am preiswertesten sind. Das kann nur der echte Kenner.

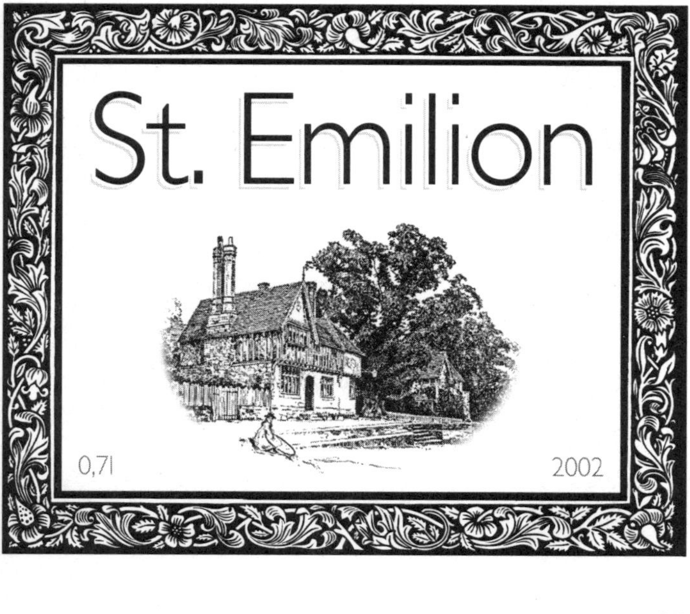

„Frauen haben die besseren Nasen."

Dieser Ausspruch – der biologisch gesichert ist – kann mehrere Hintergründe haben. Äußern Sie ihn als Mann, wollen Sie bei Frauen Eindruck machen. Als Frau wollen Sie vermutlich Ihre chauvinistischen Mittrinker mit der schonungslosen wissenschaftlichen Wahrheit konfrontieren. Sind diese auch noch deutlich älter, können Sie hinzufügen, dass der Geruchssinn mit dem Alter kontinuierlich abnimmt. Jetzt haben Sie bestimmt viele neue Freunde...

„Jeder Wein braucht ein eigenes Glas."

Das ist natürlich richtig, weil man nicht mehrere Weine in ein Glas schütten sollte. Das wäre ja Panscherei. Gemeint ist allerdings, dass jeder Wein ein spezielles Glas, also eine spezielle Glasform, braucht, um sich optimal zu präsentieren. Von diesem Umstand leben einige Glashersteller ganz ordentlich. Präsentiert sich ein Wein schlecht, können Sie das problemlos aufs Glas zurückführen. Selbst wenn der enttäuschende Merlot in einem speziellen Merlot-Glas ist. Denn selbst unter den Rebsorten-Gläsern gibt es Riesenunterschiede und dann passt eben dieses Merlot-Glas nicht zu dem Merlot, der drin ist. Dieser Satz ist wie eine chinesische Artistin, biegbar, wohin auch immer.

„Jedes Jahr wird eine andere Sau durchs Dorf gejagt."

Sie sind bei einem echten Lackaffen (oder einer echten Lackäffin) eingeladen. Serviert wird der zurzeit angesagteste Wein aus der zurzeit angesagtesten Region. Spielen Sie subtil auf die Vergänglichkeit des Ruhms in der Welt des Weins an. Was heute „in" ist, kann morgen schon wieder „out" sein. Die Presse sucht sich doch nur neue Weine, weil sie nicht immer über die gleichen berichten will. Sie halten es dagegen mit den echten Klassikern, die über Jahrzehnte, ja Jahrhunderte, bewiesen haben, was sie oder besser das Terroir, von dem sie stammen, zu leisten im Stande sind. Ewige

Werte, das ist Ihre Welt, Schnelllebigkeit lehnen Sie ab. In kosmischen Zeiträumen gesehen existiert diese Newcomer-Region noch nicht länger als einen Wimpernschlag. Pah!

„Parker! Was schert mich Parker?"

Natürlich nichts! Warum sollte Sie auch die Meinung des einflussreichsten Weinkritikers der Welt scheren? Da stehen Sie drüber! Was weiß der schon? Keine Ahnung, warum die ganze Weinwelt so viel auf dessen Meinung gibt, wo Sie es doch viel besser wissen! So abstrus es wirken mag, diese Meinung haben die meisten Weinkenner – ob insgeheim oder offiziell. Es ist schick, auf Robert Parker zu schimpfen. Also scheuen Sie sich nicht. Warum wird Parker kritisiert? Weil viele in seinen Bewertungen die Preisanstiege bei Weinen begründet sehen. Weil viele meinen, sein Geschmack – konzentrierte, extrem reife, alkoholstarke, holzbetonte Weine – hätte zu einer Vereinheitlichung der Spitzenweine weltweit geführt. Die Kritiker werfen Parker also seinen Erfolg vor und vergessen darüber, dass er ein extrem professioneller und verlässlicher Verkoster ist. Nicht ohne Fehl und Tadel, aber ohne Frage einer der besten. Das sollten Sie aber lieber nicht sagen. Kaufen Sie von Parker hoch bewertete Weine (über 90 von 100 Punkten) und beeindrucken Sie mit deren Qualität Ihre Gäste. Aber sagen Sie niemals, wer Ihnen den Tipp gegeben hat!

„Wenn ein Cabernet Sauvignon gross ist, gibt es keinen grösseren Wein."

Sie können für Cabernet Sauvignon auch etliche andere Rebsorten eintragen. Merlot zum Beispiel, Riesling, Chardonnay, Shiraz – es steht Ihnen frei. Diesen Ausspruch können Sie natürlich erst tätigen, wenn der beste Wein des Abends feststeht. Verallgemeinern Sie auf Teufel komm raus!

Selbstdisqualifikation – Die fünf Reiter der Apokalypse

Einige Sätze sollten Sie aus Ihrem Sprachzentrum entfernen, wenn nötig chirurgisch. Diese dürfen Ihnen nie, nie, nie, auf keinen Fall, niemals über die Lippen kommen. Haben wir uns verstanden?

„Meine Lieblingssorte? Roter!"

Gut. Das mag so sein. Rotwein ist ja auch was Tolles. Aber so offensichtlich sollten Sie Ihr Unwissen niemals machen. Lassen Sie die Deckung nicht sinken! Erstens ist Rotwein keine Sorte. Sorte bezeichnet immer eine Rebsorte, zum Beispiel die Königin der Weißweinreben, den Riesling. Sie meinen wahrscheinlich Lieblings**wein**. Natürlich ist Rotwein ein Lieblingswein. Aber es wäre ungefähr so, als würden Sie sagen „Meine Lieblingstierart! Wirbellose!" Mehr als 90% aller Tiere zählen zu den Wirbellosen. Sie sollten zumindest wissen, ob Sie Quallen, Anemonen oder Polypen bevorzugen. Genauso ist es beim Wein. Sie sollten zumindest ein Land nennen (lesen Sie dazu bitte eingehend das entsprechende Kapitel), zum Beispiel (immer gut) „Frankreich". Ebenfalls möglich „Italien". Bei „Spanien" kommt schnell der Eindruck eines Urlaubsweintrinkers auf, wenn Sie „Neue Welt" sagen, müssen Sie sich erklären. Also „Frankreich". Gut ist das aber immer noch nicht. Sie sind jetzt auf der Ebene von „Quallen". Schreiten Sie mutig voran zu „Beutelquallen" (Cubomedusae). Nennen Sie also eine Region. Klassisch wählen Sie „Bordeaux" oder, wenn Sie feingeistig erscheinen wollen, „Burgund". Jetzt stehen Sie halbwegs ordentlich in der Runde da. Aber folgende Frage wird kommen: „Und welche Appellation speziell?". Bordeaux (wie auch das Burgund) untergliedert sich nämlich noch einmal. Bei anderen Regionen ist das nicht so kompliziert, aber es lohnt sich immer, den geografischen Bereich einzugrenzen. Mit anderen Worten: Gehen Sie den letzten Schritt zu Würfelquallen. Der heißt in diesem Beispiel „Pomerol", oder

„Margaux", auch gern genommen wird „Pauillac" – macht Eindruck. Aber wenn Sie keine Ahnung haben, ob es sich bei diesen Begriffen um französische Frauennamen oder um Gemüsesorten handelt, werden Sie Probleme bekommen. Es geht nämlich noch weiter! Irgendeiner in der Runde kennt sich bestimmt in dieser Appellation aus und wird nachhaken, welche Weingüter es Ihnen denn genau angetan haben.
Sie haben zwei Möglichkeiten: Entweder Sie büffeln vorher die wichtigsten Weingüter einer bestimmten Region mit ihren geschmacklichen Charakteristika. Das ist viel Arbeit. Und Ihrer unwürdig. Möglichkeit zwei: Sie nennen ein Gebiet, von dem mit großer Wahrscheinlichkeit keiner in der Runde Ahnung hat. Irgendein kleines unwichtiges in Südafrika oder Australien, „Cowra" wäre gut. Aber auch das muss man sich merken und Sie brauchen Ihren Kopf schließlich für Wichtigeres. Wir halten es deshalb wie folgt: Wir haben keine „Lieblingssorte". Wir sind offen für die göttliche Mannigfaltigkeit der Weinwelt, wir können uns für alles begeistern, was authentisch ist. Mann, sind wir gut!

„Ich nehme Vino Tinto – aber einen Roten!"

Ich kann Ihre Wahl verstehen. Manchmal gelüstet es einen nach einem Glas „Vino Tinto". Und es gibt Momente im Leben eines Weintrinkers, da ist es tatsächlich egal, was dieser „Vino Tinto" nun genau ist – Hauptsache, er dreht. Aber selbst in diesem Fall könnte einer Ihrer Mittrinker noch genügend Nervenzellen am Laufen haben, um sich am nächsten Morgen an Ihren Ausspruch zu erinnern. Dann wäre dies Ihre letzte Zechernacht gewesen. Dieser Fehler ist ein Paradebeispiel für die fünfte goldene Regel. „Vino Tinto" heißt natürlich „Roter Wein", Sie haben also gerade einen roten Rotwein bestellt. Andere – fortgeschrittene – Fehlleistungen dieser Art wären „ein weißer Chardonnay" oder „ein süßer Tokajer". Es gibt nur weiße Chardonnays und nur süße Tokajer. Vermeiden Sie Adjektive! Adjektive sind böse! Nehmen Sie einen Chardonnay oder einen Tokajer und trinken Sie anstandslos, was Sie bestellt haben. Egal, wie widerlich es schmeckt. Einen schlechten Geschmack verzeiht der Weintrinker, Unkenntnis dagegen nicht. Also runter damit! Und lächeln – Sie haben es schließlich so gewollt!

„Immer gut voll schenken!"

Sie haben Durst? Sie wollen sich mit Wein „die Kante geben"? **Machen Sie das gefälligst zu Hause!** Wenn überhaupt (siehe erste goldene Regel). Und wenn Sie denken, dass Ihre Bereitschaft, ein volles Glas zu trinken, Ihre Kennerschaft unterstreicht, haben Sie sich gewaltig getäuscht. Der Grundsatz „Je voller das Glas, je größer der Weinkenner" ist falsch.
Es verhält sich genau andersherum.
Das liegt an der Tatsache, dass Wein am besten zu genießen ist, wenn das Glas nur zu rund einem Drittel gefüllt ist. Die Faustregel heißt: Das Glas so weit füllen, bis der Wein die größte Oberfläche hat. Also: bevor sich das Glas wieder verjüngt / enger wird. Je mehr Oberfläche der Wein hat, desto mehr Aromen kann er freisetzen, desto mehr kann der geübte Weinconnaisseur riechen. Wenn Sie sich also das Weinglas voll schenken oder einen Kellner zurückrufen, damit er das Glas bis zur Oberkante füllt, werden Sie bestimmt nicht zu der Gruppe gehören, die nach der offiziellen Probe zur inoffiziellen mit den „richtigen" Weinen eingeladen wird. Sie werden zu der Gruppe gehören, die unter dem Tisch liegt.

„Nein, danke."

Ein kurzer Satz, fürwahr. Aber mit verheerenden Auswirkungen. Es geht sogar noch kürzer: „Nein". Natürlich ist dieser Satz nicht immer der vinophile Tod. In anderem Zusammenhang kann er sogar ganz hilfreich sein. Zum Beispiel, wenn Sie ein Zivilpolizist fragt „Haschisch?" oder Sie eine kostenlose Portion Affenhirn in einem kenianischen Abenteuercamp ablehnen.
Beim Wein herrschen andere Regeln.
Wird Ihnen ein Wein angeboten, dann sagen Sie laut und vernehmlich „Ja!" Nicht zu enthusiastisch, aber schon mit einem erheblichen Maß Vorfreude.

Und haben Sie keine Angst!

Wenn Ihr Gegenüber ein Weingenießer ist, wird er Ihnen schon etwas Ordentliches anbieten. Kritisch wird es nur bei einer Blindprobe. Wenn Sie also nicht wissen, was da in Ihrem Glas schwappt. Es ist ein lustiges, kleines Spiel, Wein von Markendiscountern aus Dekantierkaraffen einzuschenken, damit sich die Anwesenden mit ihrem Lob über diesen Tropfen blamieren. Aber Sie kennen ja die „goldenen Regeln". Schwierig wird es nur, wenn Sie ALLEIN bei einer Blindprobe sind. Vollkommen auf sich und Ihr nicht vorhandenes Wissen gestellt. Dann heißt es, kühlen Kopf bewahren. Die Antwort kann auch in dieser Situation nur lauten: „Ja, gerne."

Gehen Sie davon aus, dass der Tropfen in Ihrem Glas ordentlich ist. Niemand wird Ihnen bei einer solchen Gelegenheit einen Wein einschenken, der schlecht ist, das wäre viel zu leicht. Falls es ein Billigheimer ist, wird er zumindest gut gemacht sein. Ein echter Weinkenner würde jetzt erkennen können, wie komplex der Wein ist oder wie vordergründig, wie alt, wie gut das Holz eingebunden ist etc. Sie aber haben keine Ahnung. Macht nichts. Brillieren können Sie in einer solchen Situation natürlich nicht, sie überleben aber schon. Die Lösung besteht darin, philosophisch zu werden. Heben Sie Vor- sowie Nachteile des Weines hervor und relativieren Sie diese gleich wieder, z.B. „Eine sehr schöne, dunkle Farbe – manch einer mag sie zu gewollt finden" oder „Die Nase erscheint mir ein wenig zu fruchtlastig – andererseits ist die Frucht sehr klar herausgearbeitet." Wenn Sie dieses Spiel beherrschen, ist es vollkommen egal, ob der Wein ein „Haut-Brion" oder ein „Amselfelder" ist. Sie haben den Wein auf jeden Fall passend beschrieben. Glückwunsch!

„Habelbelmmbrabbelbipomm"

Dieser Satz fällt bei jedem ein wenig anders aus. Er hängt ganz von der frühkindlichen Sozialisation ab. Niemand weiß wirklich, was er bedeuten soll. Noch nicht einmal derjenige, der ihn spricht. Nicht während er ihn spricht und erst recht nicht am Tag danach. Wissenschaftliche Testreihen haben ergeben, dass er sinngemäß zumeist Folgendes bedeuten soll: „Mehr!" In einigen Fällen steht er allerdings auch für „Mir ist so unglaublich übel!", einige Sekunden später für: „Wo ist die Toilette?" Jetzt braucht es nicht mehr viel Geduld und der Satz bedeutet „Oh nein! Ist das von mir?"

In einigen ausgewählten Fällen steht er sogar exakt für „Habelbelmmbrabbelbipomm".

Niemals aber bedeutet er: „Dieser Pesquera-Jahrgang lässt die Fülle seines Vorgängers vermissen. Obwohl ich zugeben muss, dass 1995 sehr feinporige Tannine hervorgezaubert hat." Niemals bedeutet er etwas, das Ihrer würdig ist. Nein, Sie haben schmählich gegen die erste goldene Regel verstoßen. Das war's. Ihre einzige Hoffnung ist, dass sich niemand in der Ausnüchterungszelle mehr an Sie erinnern wird. Wenn Sie kurz vor der Besinnungslosigkeit stehen, hören Sie bitte mit dem Trinken auf und täuschen Sie einen Kreislaufkollaps vor. Versuchen Sie, das Wort „Krankenwagen" zu artikulieren und – falls möglich – „Hab meine Pillen vergessen!". Das könnte Sie aus dem Gröbsten raushauen. Falls es dafür zu spät ist, sollten Sie sich später schriftlich bei Ihrem Gastgeber entschuldigen und auf einen erblichen Gen-Defekt hinweisen, der bei Überarbeitung, sinkendem DAX oder Vollmond (machen Sie dies vom Intellekt Ihres Adressaten abhängig) durchschlägt. Legen Sie eine teure Flasche Wein dazu. Und beten Sie!

Das Sternzeichen – ein neuer Ansatzpunkt

Bringen Sie Ihre Psychologiekenntnisse ins Spiel, wenn Sie Ihre Mitmenschen so richtig beeindrucken wollen. Ein guter Ansatzpunkt ist hier stets der Bereich der Astrologie. Die jahrhundertealte Kunst der Sterndeutung eröffnet ganze Persönlichkeitsprofile. Allerdings ist es peinlich, sein Gegenüber zu Beginn einer Weinprobe oder eines geselligen Weinabends nach seinem Sternzeichen zu fragen („Ich bin Jungfrau und Sie?"). Es geht viel subtiler, denn im Wein liegt bekanntlich die Wahrheit – und das Sternzeichen. Skorpione, Krebse, Fische – lauter nette Tierchen finden sich im harmlosen Rebensaft. Die Frage „Was genießen Sie am liebsten?" öffnet nicht nur die Tür zu einer gepflegten Konversation, sondern bietet auch den idealen Startpunkt für Ihre kleine, aber feine psychologische Analyse. Menschen trinken Weine, die ihnen gleichen (Anmerkung: Dies bezieht sich natürlich nicht auf „Kröver Nacktarsch"-Anhänger in der Leserschaft).

Wassermann

Australische Weine

Wassermänner sind exzentrisch und stark. Sie lieben es, neue Menschen kennen zu lernen, ihre Ideen mitzuteilen und diese auch schnell umzusetzen. Sie lassen sich nur ungern Vorschriften machen. Sehen Sie schon die Kängurus? Knuddeln Sie schon die Koala-Bären? Wir sind in Australien! Besser ließe sich die Weinbaumentalität des Landes nicht zusammenfassen. „Let's give it a go!" ist das Motto – probieren wir es einfach aus! Vorschriften sind für andere da, den Australiern geht es nur um das, was später im Glas ist. Ungetrübt von Tradition und Altvätersitte werden neue Methoden erdacht und angewandt. Egal, wie verrückt diese anfangs wirken. Ein sympathisches Völkchen, ein sympathisches Sternzeichen. Aber nicht immer einfach in Beziehungen, da sie ihren Freiraum brauchen. Natürlich auch die australischen Weine. In einer Beziehung – also mit Speisen – sind sie häufig unwirsch und schwer zu verkuppeln. Aber alleine mögen wir sie sehr gerne.

Wassermann-Berufe: Modeschöpfer, Computertechniker, Forscher, Känguru-Dresseur
Element: Luft
Pflanzen: Zittergras, Kakteen, Eukalyptus
Krankheitsdisposition: Wadenkrämpfe, Krampfadern, Knöchel, Kreislauf

FISCHE

Chianti Classico

„Prinzessinnen auf der Erbse" – das sind sie, die Fische. Dazu überempfindlich und echte Sensibelchen. So etwas soll man gerne trinken? Man soll! Und man will! Der Wein der Fische ist nämlich der famose Chianti Classico. Der ist zu seinen Partnern – den Speisen – rücksichtsvoll und einfühlsam, der hat Liebreiz und ist sensibel. Sensibilität muss ja nichts Schlechtes sein! Auch Emotionalität nicht! Chianti Classicos, zumindest die guten, sind Paradestücke an Ausgewogenheit und Eleganz. In Blindproben gegen Blockbuster aus Spanien, Südfrankreich oder von den fernen Gestaden erst kürzlich entdeckter Kontinente fallen sie vielleicht manchmal hinten runter, aber doch nur, weil sie nicht laut genug schreien. Gut so!
Und noch etwas: Eine warme Sinnlichkeit haben Fische-Menschen. Chianti Classicos ebenso. Zum Verlieben...

Fische-Berufe: Bank- und Börsenwesen, Sozialdienst, Musiker, Maler, Hypochonder
Element: Wasser
Pflanzen: Wasserrosen, Mohn, Kirschen, Trauerweide, Christrosen
Krankheitsdisposition: Füße, Lymphdrüsensystem, Sehnen

Widder

Seltene Weine

Widder haben einen dicken Kopf. Den brauchen sie auch, schließlich wollen sie damit immer durch die Wand. Attraktiv ist, was sie nicht besitzen. Das muss her, und zwar sofort. Sie wollen erobern, in allen wichtigen Dingen. Also bei der Liebe und dem Wein.

Je seltener ein Tropfen, umso begehrenswerter wird er. Widder treffen Sie auf Auktionen oder bei Winzern vor Ort, wo sie um eine Flasche des Jahrtausendjahrgangs betteln. Sie erkennen sie an den chronischen Kniebeschwerden. Positiv muss man sagen, dass sie tollkühn sind, sie wagen es Weine zu kaufen, bei denen unklar ist, ob sie überhaupt noch „leben". Und sie trinken sie, ohne Rücksicht auf ihre Gesundheit, obwohl sie an Kopf, Zähnen und sogar Ohren anfällig sind!

Leidenschaftlich und heißblütig sind die Widder auch, geradeheraus, selbst wenn sie anecken. Viele große Winzer sind so (wobei es über deren Heißblütigkeit wenig verlässliche Dokumente gibt).

Widder-Berufe: Jäger, Politiker, Bergsteiger, Antiquitätenhändler, verarmter Landadel
Element: Feuer
Pflanzen: Brennnessel, Nadelbäume, Fleisch fressende Pflanzen
Krankheitsdisposition: Knie, Kopf, Zähne, Ohren

Stier

Champagner

Ich möchte nicht indiskret sein, aber waren Sie schon einmal mit einem Stier im Bett? Wenn ja, werden Sie sich daran erinnern. Stiere sind bekannt für ihr großes Liebesverlangen, manch einer traut ihnen dies aufgrund ihres ausgeglichenen Wesens nicht zu. Die stillen Wasser. Mit stillen Weinen hat es der Stier aber überhaupt nicht. Prickeln müssen sie. Denn schließlich trinkt der Stier ausschließlich für die Liebe, er trinkt Aphrodisiaka, um für die langen, ausschweifenden, orgiastischen Nächte gerüstet zu sein. Er trinkt Champagner. Denn schließlich ist der Stier auch ein Luxuswesen, andere Brause kommt ihm nicht ins Glas.

Stier-Berufe: Goldschmied, Landwirt, Sozialbetreuer, Lehrer, Stripper
Element: Erde
Pflanzen: Feldblumen, Linde, Weizen
Krankheitsdisposition: Hals, Kehlkopf, Nacken, Mandeln, Stimmbänder

Zwilling

Rheinhessische Weine

Okay, haken wir es direkt zu Beginn ab: Zwillinge haben zwei Gesichter, leben in einem seelischen Zwiespalt. Das möchte ich keinem Wein und keinem Land unterstellen (höchstens den Zyprioten). Aber dieses Sternzeichen hat noch andere Attribute. Zwillinge sind gesellig und lieben endlose Diskussionen (wohlgemerkt: keine Streits). Sie sind flexibel und ideenreich. Das passt natürlich auf viele Nationen der neuen Welt, aber auch und gerade auf einen Weinlandstrich Deutschlands: Rheinhessen. Nirgendwo wird auf deutschem Boden so viel experimentiert wie an der Rheinfront und im Wonnegau. Egal, ob Neuzüchtungen oder neue Ausbaumethoden. Dabei ist Rheinhessen einerseits für Massenwein bekannt, andererseits findet sich das zurzeit beste Weingut des Landes dort. Rheinhessen hat also zwei Gesichter! Was der Zwilling genau an rheinhessischem Wein trinkt, ist schwer zu sagen. Er mag roten wie weißen Wein, trockenen wie süßen – nur eben keinen Rosé und keinen halb trockenen. Entweder so oder so. Zwei Gesichter reichen schon, da braucht es kein halbes mehr dazu (sieht auch nicht sonderlich vorteilhaft aus).

Zwilling-Berufe: Journalist, Sekretär, Steward, Reisebürokaufmann, Freak-Show-Attraktion
Element: Luft
Pflanzen: Hängepflanzen, Efeu, Fenchel
Krankheitsdisposition: Gelenke, Schultern, Arme, Luftröhre, Bronchien

Krebs

Burgund

Launigkeit, dein Sternzeichen ist Krebs. Himmelhoch jauchzend und zu Tode betrübt. Kultweine und untrinkbare Plörre, die widerlich, Ekel erregend, dünn, peinlich und viel zu teuer ist.
Ich rede – ganz unemotional – vom Burgund.
Krebse sind eher gefühl- als verstandorientiert. Das Burgund auch. Entschieden wird aus dem Bauch, und der ist manchmal verstimmt. Vom eigenen Wein.
Krebse stehen auf Familienleben. Das Burgund ist voll mit Familienbetrieben.
Krebse umsorgen gerne andere und bemuttern sie. Wer je einen großen Burgunder getrunken hat, wird wissen, worauf diese Argumentation hinausläuft. Umsorgter als in den Armen eines solchen Weines kann sich niemand fühlen. Es ist wie an der Brust der Mutter in Zeiten der Unschuld.
Es kann aber auch über dem Knie der Mutter sein, nachdem man ihr teuerstes Parfüm als Badezusatz benutzt hat. Krebse sind da sehr überraschend.

Krebs-Berufe: Krankenschwester, Kindergärtnerin, Gynäkologe, Sozialpädagoge, Mutter

Element: Wasser
Pflanzen: Gänseblümchen, Wasserpflanzen
Krankheitsdisposition: Magen, Brust, Leber, Anämie

Löwe

Languedoc-Roussillon

Das Element des Löwen ist das Feuer. Damit sind wir, was den Wein angeht, schon einmal in einer heißen Gegend. Dehnen wir das Element auf den Geschmack aus, sprechen wir also von Würze und Pfeffer, nehmen wir dazu das imponierende Auftreten des Löwe-Typs, dann sind wir ohne jeden Anflug eines Zweifels in Südfrankreich, im Languedoc-Roussillon. Löwen sind praktisch eingestellt, Menschen der Tat und des Handelns. Weine aus Languedoc-Roussillon sind handfest, gerbstoffbetont, fruchtbeladen, rassig. Sagen wir es ruhig noch einmal: feurig! Löwen sind selbstsicher, die Weine Südfrankreichs auch. Sie betreten die Szene (den Mund) und beherrschen sie. Beachtung und Anerkennung, das wünschen sich Sternzeichen und Wein – wir sollten es ihnen schenken. Schließlich legen sie so viel Wert auf ein gepflegtes Äußeres, diese eitlen Fatzkes.

Löwe-Berufe: Hotelchef, selbstständiger Unternehmer, Dekorateur, Model, Feuerspucker
Element: Feuer
Pflanzen: Sonnenblume, Löwenzahn, Lotusblume, Pfingstrose
Krankheitsdisposition: Herz, Blutkreislauf

Jungfrau

Neuseeländische Sauvignon Blancs

Jungfrauen sind nüchterne Menschen. Ordentlich, penibel, distanziert. Aber auch glasklar in ihrem Wesen, nichts ist falsch an ihnen. Die Sauvignon Blancs aus Neuseeland tragen ähnliche Eigenschaften. Eine sehr klare, prägnante Frucht, eine feine Kühle. Die Weine wirken sehr exakt, fast wie aus dem Weinberg geschnitten. Es sind zudem keine heißen, leidenschaftlichen Weine. Passt! Viele Jungfrauen sind Junggesell(Inn)en. Viele neuseeländische Sauvignon Blancs will niemand trinken.

Jungfrau-Berufe: Jurist, Feinmechaniker, Schneider, Astronom, Krankenschwester, Eremit
Element: Erde
Pflanzen: Hafer, Efeu, Stachelbeere, Haselnuss
Krankheitsdisposition: Verdauungsapparat, Blinddarm, vegetatives Nervensystem

Waage

Bordeaux

Waage-Typen sind einfach auszumachen – und es gibt viele von ihnen. Sie lieben Harmonie und Balance – damit fallen im Weinbereich schon mal alle dicken Brocken aus der „Neuen Weinwelt" heraus. Waagen, diese kleinen, verwöhnten Biester, lieben zudem den Luxus. Je teurer, desto besser. Das gilt sowohl für die schönen Künste, wie für die schönste Kunst: Wein. Waagen trinken – natürlich – Bordeaux, den klassischen Typ, bei dem Tannine und Frucht nicht überreif, sondern reif sind. Sie bevorzugen Merlot basierte Cuvées.
Ein weiterer Punkt macht deutlich, dass Waagen Bordeaux trinken müssen: Ihre Nachgiebigkeit führt manchmal dazu, dass sie ausgenützt werden. Sie alle kennen die Bordeaux-Preise, da bereichert sich so mancher Weingutsbesitzer, so mancher Zwischen- und Endhändler an den armen Weinen. Mit Bordeaux kann man es ja machen! Hier treffen sich zwei ausgenutzte Wesen an Glasrand und Lippe.

Waage-Berufe: Innenarchitekt, Kunstwissenschaftler, Psychologe, Mätresse
Element: Luft
Pflanzen: Veilchen, Flieder, Vergissmeinnicht
Krankheitsdisposition: Nierenbeschwerden, Schlafstörungen, Ohrensausen

Skorpion

Tannat

Der Skorpion ist ein extremes Sternzeichen – im Guten wie im Bösen. Er hat eine starke Willenskraft, geht Reibungen und Konflikten nicht aus dem Weg. Er wird geliebt oder gehasst. Der Skorpion trinkt das, was niemand anders anrührt. Er trinkt Weine der Rebsorte Tannat. In der Jugend nach Champignon riechend („böse"), werden sie im Alter charmant und elegant („gut"). Sie haben zwei Seiten, wie der Skorpion selbst. Die Geheimnisse anderer durchschaut ein Skorpion schnell, seine eigenen gibt er nicht so schnell preis. Und wieder lautet die Analogie zu dieser Beschreibung: Tannat. Wer keine Geduld hat, dem wird dieser Wein stets fremd bleiben.

Skorpion-Berufe: Chirurg, Polizist, Schauspieler, Psychopath
Element: Wasser
Pflanzen: Brennnessel, Champignons, Dornensträucher, Distel
Krankheitsdisposition: Blasenentzündung, Essstörungen, Menstruationsbeschwerden

Schütze

Riesling

Der Schütze-Typ ist ehrlich und großzügig. Der Schütze-Typ trinkt Riesling. Schließlich ist Deutschland Weltmeister in der Nutzung des Wortes „ehrlich" für einen Wein – gemeint ist damit zumeist ein solider Schoppen-Wein. „Ehrlichkeit" wird mit „Einfachheit" gleichgesetzt. Ist das ein viel sagender Blick in unsere „Leitkultur"?

Der Schütze-Typ ist zudem rechtschaffen und großzügig. Auch Letzteres spricht für den Riesling, schenkt er uns doch wundervolle Aromen im Überschwang. Bei einem Punkt der Schützen-Psyche könnte die Weinpsychologie auf falsche Ideen kommen: Das Sternzeichen reist gerne – vor allem in fremde Kontinente. Alles klar, wird mancher denken, Chardonnay und Cabernet Sauvignon. Aber sind diese beiden Trauben für „Ehrlichkeit" bekannt, wenn man diese als Fähigkeit definiert, die Aromen des Terroirs unverfälscht, also ehrlich, zum Ausdruck zu bringen? Dafür steht doch wohl der Riesling!
Und auch dieser reist gerne, nach Australien, nach Südafrika, in die USA, nach Italien und Frankreich – die Traube ist schon weit herumgekommen.

Schützen-Berufe: Richter, Anwalt, Lehrer, Kreuzfahrtschiffkapitän, Gebrauchtwagenhändler
Element: Feuer
Pflanzen: Jasmin, Nelke, Apfel, Pfirsich, Feigenbaum, Spargel
Krankheitsdisposition: Ischias, Heuschnupfen, Oberschenkel, Hüfte, Rheuma

Steinbock

Rioja Gran Reserva

Steinböcke sind zähe Burschen mit einer unglaublichen Ausdauer. Zeit spielt keine Rolle, Zeit kann ihnen nichts anhaben. Genau wie den klassischen Gewächsen Spaniens, den Rioja Gran Reservas. Steinböcke haben einen mächtigen Drang, im Leben etwas zu erreichen. Rioja Gran Reservas haben – in der Jugend – mächtige Tannine, um ein langes Leben zu erreichen. Und spanische Winzer haben den mächtigen (und unseligen) Drang, immer mehr Geld in ihrem Leben für ihre Weine zu bekommen.
Steinböcke sind aber auch misstrauisch gegenüber ihrer Umwelt. Genau wie Rioja Gran Reservas, die sich aus diesem Grund mit einem metallenen Drahtgeflecht schützen.

Steinbock-Berufe: Lagerverwalter, Historiker, Theologe, Kassierer, Marathonläufer
Element: Erde
Pflanzen: Tanne, Palme, Pappel, Efeu
Krankheitsdisposition: Knochensystem, Haut, Milz, Gelenke

WEIN UND SPEISEN

Wein und Essen zu kombinieren, das ist große Kunst.
Wird gesagt.
Die Wahrheit sieht anders aus. Selbst Sie können deshalb die vermeintlich „hohe Kunst" zelebrieren – ohne Versagensangst. Die Wahrheit ist: Die meisten Weine passen irgendwie zum Essen. Und wenn nicht, fällt es den Wenigsten auf. Sollte tatsächlich mal jemand etwas Kritisches sagen, sprechen Sie einfach von „reizvollen Gegensätzen" und fabulieren, dass „fordernde Kombinationen spannender sind als das ewig gleiche harmonische Abstimmen".
Das sollte aber nur die Ausnahme sein, denn in der Tat ist es bedeutend schmackhafter, Wein und Speisen perfekt aufeinander abzustimmen. Dabei gibt es nur eine Hauptregel, die banal klingt: „Der Wein muss zum Essen passen." Klar, werden Sie sagen, fantastische Aussage, aber wie?! Vergessen Sie alle Regeln über helles Fleisch und hellen Wein, Fisch und rote Kreszenzen und am besten noch alles andere zum Thema. „Der Wein muss zum Essen passen" bedeutet: Der Wein muss zum Hauptgeschmacksträger passen. Klingt einfach und ist es auch. In den meisten Fällen ist dies die Sauce, und **nicht** das Fleisch. Machen Sie sich **bewusst**, wonach Ihr Essen schmeckt! Stellen Sie sich vor, Sie essen es, Fleisch, Beilage, Gemüse, Sauce. Wie ist es? Leicht oder gehaltvoll? Dezent oder würzig? Sagen wir – als Beispiel –, es schmeckt leicht und würzig. Was für einen Wein sollten Sie aussuchen? Einen leichten und würzigen! Einen Grauburgunder Kabinett trocken zum Beispiel oder einen leichten Spätburgunder. Das Essen ist gehaltvoll und dezent (zum Beispiel ein Schweinebraten)? Her mit der Silvaner Spätlese trocken! Das Essen hat eine leichte Süße? Dann sollte der Wein die auch haben. Dieser Kombinationsansatz kann bis ins Extrem getrieben werden. Im Essen ist Minze, der Wein sollte nach Minze riechen – der Wein riecht nach Pfirsich, die Frucht sollte sich in der Speise wiederfinden. Das kann zu traumhaften Kombinationen führen, ist aber viel Arbeit.

Mit der Zeit werden Sie ein Gespür für die richtigen Kombinationen entwickeln – das ist zwar nicht notwendig für Ihr Leben als Wein-Liebhaber, verschönert aber Ihr kulinarisches Dasein auf diesem öden Planeten.
Jetzt kommt der Haken – allerdings ein kleiner. Drei Regeln gibt es zusätzlich noch zu beachten:

1. Keinen Rotwein zu öligem Fisch.
   Dieser schmeckt dann metallisch.
2. Die Säure von Essen und Wein addiert sich.
   Also säurearme Weine zu säurereichen Speisen.
3. Der Wein zum Dessert muss immer süßer sein als dieses.
   Sonst wirkt er sauer.

Das ist alles. Und bedenken Sie: Durch eine gelungene Speise-Wein-Kombination wirken beide besser und sprechen somit, ganz in Ihrem Sinne, für sich selbst.
Natürlich bleiben Ihnen bei dieser Methode des Wine-Food-Matchings (so der Modebegriff, den auch Sie verwenden sollten) große Auswahlmöglichkeiten. Es gibt eine Menge gehaltvoll-würzige, leicht-dezente, gehaltvoll-dezente oder leicht-würzige Weine. Die nachfolgenden Beispiele sollen Ihnen helfen, den Wein nicht nur auf die Speise, sondern auch auf Ihren Besuch abzustimmen.
Die exakte Weinauswahl ist dabei abhängig vom Wissen des Gastes – oder dessen Unwissen. Wen auch immer Sie zu Besuch haben, die Person muss das Gefühl bekommen, etwas Wertvolles im Glas zu haben.
Ihr Interesse muss sein, möglichst wenig dafür auszugeben.

A) Ihr Chef

Gehen Sie auf Nummer sicher, nehmen Sie einen Bordeaux. Ginge es um bezahlbare Qualität, müssten Sie zu einem Gewächs aus einer der weniger renommierten Appellationen, z.B. Fronsac, greifen. Aber Ihr Chef wird Fronsac nicht kennen. Er hat vielleicht irgendwann mal was von „Premier Cru" – oder war es „Grands Cru"? – gehört, Medoc könnte ihm (oder ihr) ein Begriff sein, Pomerol, Pauillac, Margaux und – hier kommen Sie ins Spiel – St. Emilion. Dieses Gebiet hat zwei unschätzbare Pluspunkte. Erstens: Viele haben den Namen schon mal gehört. Zweitens: Viele Weine tragen den hübschen Zusatz „Grand Cru", der in St. Emilion zwar unter den „Premier Grand Cru" liegt, aber wer weiß das schon? Zudem sind einige davon wirklich bezahlbar. Und noch etwas Gutes: Die meisten Weine sind von der Rebsorte Merlot dominiert, sind also mit „weicheren" Tanninen versehen als Cabernet Sauvignon basierte Weine. Sie sind eher zugänglich und schmeicheln auch dem ungeübten Gaumen.

B) Verwandte und Schwiegereltern

Gehen wir davon aus, dass Sie bei Ihren Angehörigen einen guten Eindruck machen wollen. Gehen wir weiterhin davon aus, dass diese ein bestimmtes Alter haben. Natürlich könnten Sie es hier auch mit einem französischen Wein versuchen, denn alle Welt weiß ja, dass „Franzosen die besten Weine machen". Wenn Sie diese Möglichkeit wählen, können Sie einen „Vin de Pays" (einen einfachen Landwein) kaufen, auf dem groß – idealerweise – „Gironde" steht, aber selbst wenn es „Des Balmes Dauphinoises" ist, wird es niemanden interessieren. Labortests haben bewiesen, dass Verwandten keine Ahnung von Wein haben.
Schmecken wird ihnen der Franzose aber nicht. Er wird ihnen zu trocken sein. Das kann Ihnen natürlich egal sein, schließlich haben Sie Eindruck gemacht, aber ein netter Abend mit Verwandten ist besser als ein öder (wenn auch nicht ganz so gut wie einer komplett ohne). Sie sollten das Beste draus machen. Verwandten trinken mit Vorliebe deutschen Wein, ein bisschen Restsüße darf er haben. „Kröver Nacktarsch" oder „Liebfrauenmilch" steht auf diesen Flaschen. Das mögen Ihre Verwandten zwar, aber Sie wissen selbst, dass es nicht die Krone des Weingenusses darstellt. Bleiben Sie in deutschen Landen, suchen Sie sich aber eine Lage mit mehr Renommee, idealerweise etwas wie „Trittenheimer Apotheke" oder „Wehlener Sonnenuhr". Diese Namen sollten Ihrer Sippe bekannt vorkommen. Zudem muss es natürlich eine Spätlese sein, „mild" ist dabei besser als „trocken". Verziehen Sie nicht so das Gesicht! Es ist ein Irrglaube, nur trockener deutscher Wein sei gut. Auch andersherum ist es falsch. Pappig süßer Wein ist daneben, ein spritziger Moselaner mit feiner Restsüße ist dagegen animierend und labend. Es könnte auf diese Weise also auch für Sie als Gastgeber angenehm werden.

C) Freunde

Freunde sind wie Verwandte, nur jünger. Statistisch gesehen (zumindest bis Sie in die „reifen Jahre" übergehen). Die Jugend will sich abheben, sie will anders sein, sie will keinen „Nacktarsch" mehr trinken. Die Jugend trinkt Weine aus der „Neuen Welt", also USA, Chile, Argentinien, Südafrika, Australien. Folgende Länder sollten wir wegen weit verbreiteter Vorurteile für eine festliche Tafel jedoch ausschließen:

- USA: Micky Maus & McDonalds – was sollen das für Weine sein? Sind die aus dem McDrive?
- Chile und Argentinien: Arme Länder. Das macht ein schlechtes Gewissen. Und vor allem: Können arme Leute großen Wein machen? Wohl nicht.
- Südafrika: Die Apartheid wird nicht unterstützt. Auch wenn sie schon lange vorbei ist, so schnell vergessen wir das nicht.

Das ist natürlich alles Blödsinn. Aber darum geht es nicht. Dies könnten Ihre Gäste denken. Also Australien. Sonne, Ayers Rock und Surfer. Hervorragend. Das ist die moderne Spaßgesellschaft als Kontinent. Kaufen Sie irgendeinen australischen Wein mit einem hübschen Etikett. Down under produziert so perfekt Weine, dass Ihnen kein schlechter begegnen wird und alle „lecker" schmecken (aber denken Sie daran: Niemals dieses Wort in den Mund nehmen!). Außerdem liegt der Alkoholgehalt sehr hoch – es wird ein fröhlicher Abend.

D) Weinkenner

Niemals einladen! Viel zu gefährlich! Ab ins Restaurant damit. Überlassen Sie diesen dann gönnerhaft die Weinauswahl und blicken Sie nur wissend vor sich hin. Ein wenig Nicken ist angebracht.

E) Menschen, die Sie nie wiedersehen wollen

Weißwein aus dem Jura. Oder junger Roter aus dem Madiran. Und tschüss.

Wein-Sprichwörter
und was dahinter steckt

Der ernsthafte Wein-Liebhaber muss sich mit einigen rudimentären Redewendungen zum Thema auskennen. Richtig eingesetzt können diese Wunder wirken. Bei jeder Weinrunde kommt der Moment des Nachdenkens, in welchem ein kluges Zitat einhelliges Nicken zur Folge haben würde. Falls Sie sonst am Abend keinen Pieps gesagt haben, sollten Sie mit einem Sprichwort dokumentieren, dass Sie durchaus zur Kommunikation fähig sind. Prägen Sie sich einfach die folgenden ein, Sie sollen Ihre Not-Ration sein für kommende Gespräche. Einige – diese sind gekennzeichnet – sollten Sie lieber nicht anwenden, auch wenn Sie auf den ersten Blick reizvoll erscheinen. Prüfen Sie sich ruhig einmal selbst: Welche würden Sie in illustrer Weinrunde aussprechen?

„Im Wein liegt Wahrheit."

(Alkaeus)

Halten Sie den Wein gegen das Licht. Das Sichtbare sind Schwebstoffe, das Unsichtbare ist die Wahrheit. Alkaeus (um 620 v. Chr.) zeichnet für diesen Klassiker verantwortlich, ursprünglich hieß er allerdings „Wein, liebes Kind, ist auch Wahrheit". Der Spruch klingt auf Lateinisch natürlich viel weiser („In vino veritas"). Sie können ihn eigentlich immer sagen. Ist der Wein gut, bedeutet er so viel wie „Dies ist der wahre Jakob." Ist der Wein schlecht, steht er dafür, dass Wein jeden Fehler seines Winzers offen legt. Also immer raus damit!

Nicht gutheißen wollen wir den Spruch des Satirikers Moritz Gottlieb Saphir: „Der Wein und die Wahrheit sind sich insofern ähnlich, als man mit beiden anstößt" Das ist zu vergeistigt, darüber müsste man nachdenken. Weg damit!

„Wein, Weib und Gesang"

(Luther)

Bitte merken Sie sich den vollen Text (den kennen nämlich die Wenigsten): „Wer nicht liebt Wein, Weib und Gesang, der bleibt ein Narr sein Leben lang." Hierbei ist die Reihenfolge wichtig. Der Wein steht klar an erster Stelle, gefolgt von Weib und Gesang. Soll heißen, zuerst trinkt man den Wein, dann traut man sich ans Weib und schließlich geht es ans Jubilieren. Dies ist nicht frauenfeindlich, sondern von Luther. Oder wird zumindest auf ihn zurückgeführt, obwohl sich der Satz weder in seinen eigenen Schriften noch in alten Aufzeichnungen über ihn wiederfindet. Aber zutrauen würden wir es dem alten Halunken schon.

„Das Leben ist zu kurz, um schlechten Wein zu trinken."

(Goethe)

Heißt natürlich mit anderen Worten, dass Sie – der Rezitator – eine Menge Geld für guten Wein ausgeben. Philosophisch verpackt, von Goethe abgesichert – raffinierter können Sie Ihre Gäste nicht beeindrucken.

„Der Wein erfreut des Menschen Herz"

(Goethe)

... und das ist eh viel wichtiger als die Leber. Goethe legt diesen Satz im ersten Akt des „Götz von Berlichingen" dessen Bruder Martin in den Mund. Er hat es aber wiederum aus dem Psalm 104,15. Goethe wird natürlich nicht widersprochen. Was er nicht wusste ist, wie wahr sein Spruch ist. Schließlich haben von der Weinwirtschaft finanzierte Forscher herausgefunden, dass Wein gut fürs Herz ist. Die gefäßweitende Wirkung entlastet den ganzen Blutkreislauf. Wenn Sie die Beine beim Trinken hochlegen, wirkt's noch besser. Ein Prophet also, unser Nationaldichter, und ein begnadeter Weintrinker. Vermutlich ganz bestimmt kein Hochstapler, sondern einer von denen, die wirklich was davon verstanden. Das sollten Sie ihm aber nicht übel nehmen.

„Dem Volk Wasser predigen und selber Wein saufen."

(Redewendung)

Soso, Sie sind ja ein interessanter Typ. Gesellschaftspolitisch engagiert und für die Rechte anderer eintretend. Das passt nicht zu Ihnen. Aber überhaupt nicht. Sie sollten an Ihrer Grundeinstellung arbeiten, so kann das nicht lange gut gehen.

„Wenn die Gäste trunken sind, kommt der schlechtere Wein."

(Joh. 2,10)

Ist Ihnen noch nie aufgefallen? Guter Gast! Komischerweise wird diese Bibelstelle häufig bei Hochzeiten gelesen. Natürlich stammt das Zitat aus der „Hochzeit zu Kana", aber überdenken Sie die Situation noch mal. Alle in der Kirche hören etwas von schlechtem Wein und danach geht's zusammen zum Feiern. Würden Sie dem Ausgeschenkten noch trauen?

„Ein guter Wein und ein schönes Weib sind zwei süsse Gifte."

(Türkisches Sprichwort)

Die Türken haben es wirklich faustdick hinter den Ohren. Sie, meine Damen, können den Spruch natürlich modifizieren und für Weib einfach Kerl, Mannsbild oder haariges Monster einsetzen. Dieses Zitat funktioniert in beide Richtungen. Wenn es in einer Runde zotig wird, sollten Sie es ziehen.

„Gott macht nur das Wasser, doch der Mensch den Wein."

(Victor Hugo)

Das muss natürlich von einem Franzosen stammen, sich so einfach über Gottvater zu stellen. Chuzpe, das muss man ihnen schon lassen. Aber für Sie ist dies zu angeberisch. Wir freuen uns lieber in stiller Dankbarkeit daran, dass Gott uns mit all den Zutaten hantieren lässt, die es für guten Wein braucht.

„Der Wein ist unter den Getränken das nützlichste, unter den Arzneimitteln das schmackhafteste, unter den Nahrungsmitteln das angenehmste."

(Plutarch)

Diesen Spruch von Plutarch sollten Sie sich wirklich merken. Der ist gut, intelligent, ausgewogen und unantastbar. Er wirkt fast wie eine komplette Rede. Jede Person im Raum wird nur noch mit Ihnen anstoßen wollen.

„Wein ist das gesündeste und hygienischste aller Getränke."

(Louis Pasteur)

Was will uns Louis Pasteur damit sagen? Sollen wir uns mit Wein die Hände waschen? Oder die Zähne putzen? Wollen wir wirklich, dass Wein „hygienisch" ist? Klingt das nicht eher abstoßend? Wollen Sie etwas Hygienisches wirklich trinken? Das klingt doch sehr nach antiseptischem Krankenhaus. Natürlich wollte Pasteur nur sagen, das Alkohol Keime und Bakterien abtötet, das ist aber doch zu medizinisch und gehört nicht in die gepflegte Weinkonversation. Sie könnten als Reinlichkeitsfanatiker eingeschätzt werden, als überkandidelter Keimtöter, der immer ein Sagrotan-Fläschchen bei sich hat. Obacht!

„Steter Tropfen höhlt den Stein."

(Redewendung)

Ein sehr zweischneidiges Sprichwort. Einerseits positiv zu sehen: Denn wer Tropfen um Tropfen trinkt, lernt und lernt, es höhlt den Stein des Nichtwissens aus. Also eigentlich der richtige Weg zum Experten. Andererseits kann man den Spruch auch mit „Steter Tropfen höhlt das Hirn" interpretieren. Die Gefahr von allzu regelmäßigem Alkoholkonsum, im wahrsten Sinne, ohne Verstand. Zwei vollkommen gegenteilige Ansichten. Das ist Dialektik, das sind Yin und Yang, das sind Tom und Jerry. Das ist toll.

„Mein Grossvater sagte immer: ‚Trinke nie zu viel, denn die letzte Flasche, die umfällt, könntest du selber sein.'

(Heinz Schenk)

Heinz Schenk ist schon ein Lustiger. Der beliebte deutsche Conferencier internationalen hessischen Formats hat es richtig erkannt: Am sichersten ist es, sich über die lustig zu machen, die am Boden liegen. Dieser Spruch ist anzuwenden, wenn es jemand übertrieben hat, sich dessen Magen umstülpt oder die Sicht eintrübt. Dann sollten Sie dieses Zitat aus der Hüfte schießen. Alle werden herzlich lachen. Und Sie haben einen Volltreffer auf Kosten eines anderen gelandet. Das ist die fiese Seite der Wein-Liebhaber-Schule! Ist derjenige aber auch selbst schuld, hätte ja nicht so viel trinken müssen. Um sicher zu gehen, sollten Sie immer einem in der Weinrunde – wann immer möglich – kräftig nachschenken. Überlassen Sie nichts dem Zufall! Stellen Sie am ersten Abend in einer neuen Runde sicher, dass einer der Anwesenden den Fußboden noch näher in Augenschein nehmen wird.

„Bernhardiner ist das Letzte, was ich sein möchte. Dauernd die Flasche am Hals, und niemals trinken dürfen!"

(Ringelnatz)

Natürlich hat der gewöhnliche Bernhardiner keinen Wein in der Flasche. Dieses Manko sollten wir alle gemeinsam angehen und ändern. Joachim Ringelnatz hat mit diesem Zitat trotzdem vollkommen Recht, beschreibt er doch Ihr einziges echtes Problem. Schließlich lautet die erste goldene Regel: „Trinken Sie niemals und auf gar keinen Fall Wein." Je erfolgreicher Sie mit Ihrem Wissen glänzen, desto teurere und schmackhaftere Weine werden aufgefahren, und Sie müssen trotzdem standhaft bleiben. Je höher Sie also auf der Erfolgsleiter stehen, desto schwieriger wird es für Sie. Nur die Besten halten bis zum Schluss durch, werden echte Bernhardiner, alle anderen hängen früher oder später unwiderruflich an der Flasche. Niemand soll sagen, Ringelnatz habe ihn nicht gewarnt!

„Bier auf Wein, das lass sein. Wein auf Bier, das rat ich dir." Oder: „Bier auf Wein, das muss sein. Wein auf Bier, ab dafür."

(Thüringisches Sprichwort)

Tja, das kann gedreht und gewendet werden, wie man will. Deshalb ist dieses Sprichwort unbrauchbar, denn egal, was Sie sagen, irgendwer wird es mit einer dieser Abwandlungen zu toppen versuchen. Ihre Bemerkung sollte aber stets in Richtung „Weisheit letzter Schluss" gehen. Liefern Sie nie Vorlagen für andere, die sich so ohne Schwierigkeiten produzieren könnten. Ohnehin ist es albern, zur Vermeidung eines dicken Kopfes eine bestimmte, sich in Prozenten steigernde Reihenfolge von Alkoholika einzuhalten. Die Menge bleibt am Ende dieselbe und somit auch der Kater. Diesen vermeiden Sie ja sowieso und verwenden einen solchen Spruch deshalb höchstens auf einer Karnevalsparty, bei der es drunter und drüber geht und sich am nächsten Morgen keiner an seinen Namen erinnern kann.

„Reinen Wein einschenken"

(Redewendung)

Ein Spruch aus den alten Panscher-Tagen, als Wirte noch mit Wasser streckten oder in manchen Wein diabolisches Gift gegossen war. Sie wollen also auf das Reine, die Essenz, die Wahrheit hinaus, nichts Getrübtes, nichts Verwässertes. Sie sind ein Den-Dingen-auf-den-Grund-Geher. Die Wahrheit ist ein hohes Gut und Sie fordern dieses ein. Bravo! Aufrecht, unbestechlich und integer – Eigenschaften, die man von jetzt ab mit Ihnen verbinden wird. Besser kann es mit einem Sprichwort eigentlich nicht laufen!

„Jungen Wein in alte Schläuche füllen"

(Mt 9,17)

Sollten Sie sich wie ein alter Schlauch fühlen – plädieren Sie dafür! Leider lässt sich auch dieses Sprichwort auf zwei Arten interpretieren. Erstens: Weinbetrug. Etikettenschwindel. Billiger junger Wein wird als teurer gereifter ausgegeben. Verachtenswert. Zweitens: Jung und Alt zusammen erbringt Großes, nur gemeinsam sind sie stark. Alter Wein in alten Schläuchen? Bah! Junger Wein in jungen Schläuchen? Das kann ja nicht gut gehen! Das Problem dieses Sprichworts sind ebendiese zwei Interpretationsvarianten. So etwas ist selten gut. Sie müssten sich erklären und Dinge richtig stellen. Selbst, wenn dann alle sagen „Ach so, ja, stimmt genau", bleibt doch hängen, dass Sie derjenige waren, der irgendwann mal was Komisches gesagt hat. Sie gelten als Unsicherheitsfaktor und werden gemieden. Der Tod eines Wein-Liebhabers. Lassen Sie Matthäus mit diesem Spruch lieber allein.

„Wer Wein trinkt, betet – wer Wein säuft, sündigt."

(Theodor Heuss)

Dieser Spruch ist der eindeutige historische Beweis, dass wir es bei Theodor Heuss mit einem echten Wein-Liebhaber zu tun hatten. Denn dies ist wahr gesprochen, wahrer geht es kaum. Also beten Sie regelmäßig.

Die berühmtesten Wein-Lieder

Wer hat sie nicht schon gehört, die deutschen Wein- und Sauflieder? Sie zu kennen, ist Teil des ordentlichen Weinwissens. Leider zielen die meisten Lieder auf überhöhten Weinkonsum ab. Das gilt es natürlich anzuprangern! Auch beim Singen gilt es, den Grundsätzen treu zu bleiben.

„Sieben Fässer Wein"

(Roland Kaiser)

Zu diesem Lied dürfen Sie gerne mitsingen. Es ist im Übrigen auch die richtige Antwort auf die gern gestellte Frage „Was würden Sie mit auf eine einsame Insel nehmen?" Oder im Restaurant auf: „Kann ich Ihnen noch etwas bringen?" Und ganz unter uns: Sollte Ihnen nach sechs Fässern Wein bereits die Leber versagen, trinken Sie einfach auf der Milz weiter!

„Der Wein von Samos"

(Costa Cordalis)

... ist eine Schande. Jawohl. Den Wein von Samos kann man keinem Esel ins Ohr schütten, so schlecht ist der. Darüber sollte man nicht singen. Darüber trällert nur ein vom Fremdenverkehrsamt bezahlter Berufsgrieche wie Cordalis. Es sei denn, Sie legen diesen Song als Klagelied an. Vergießen Sie ruhig Tränen darüber, was auf dieser Insel mit den guten Trauben angestellt wird. Wenn das kein Grund zum Weinen ist!

„Schnaps, das war sein letztes Wort"

(Willy Millowitsch)

Geschieht ihm recht. Wer „Wein" sagt, lebt länger.

„Weine nicht, kleine Eva"

(Flippers)

Ein weithin bekannter Schlager, der einen sehr ernsten Hintergrund hat. Die kleine, alkoholabhängige Eva kommt einfach nicht von der Flasche los. Sie schüttet immer weiter Weine in sich hinein, während ihr besorgter Freund versucht, dies durch ständiges Wiederholen des Refrains zu verhindern. Diese dunkle Seite des Weinkonsums können Sie ruhig einmal thematisieren, auch indem Sie dieses Lied intonieren. Bringen Sie damit Ihren Leitsatz zum Ausdruck, Wein nur maßvoll zu konsumieren. Kühe saufen, Menschen trinken – womit nichts gegen die arme kleine Eva gesagt sein soll. Dieses Einzelschicksal steht soziologisch exemplarisch für eine sehr divergente Gruppe pubertierender Individuen im diffizilen Prozess der Selbstfindung. Sagen Sie das ruhig auch so.

„Rote Rosen, rote Lippen, roter Wein“

(René Carol)

... laden dich ein. Wer würde da widersprechen? Unklar ist bei diesem Lied nur, wozu die roten Rosen eigentlich einladen. Was soll man mit denen machen? Man kann sie nicht trinken und nicht küssen. Und fürs Dranschnuppern ist ja der Wein da. Wahrscheinlich war das Lied mal der Eröffnungssong der Bundesgartenschau. Egal. Lassen Sie diesen Teil des Liedes ruhig weg und singen stattdessen lieber: „Rote Lippen, roter Wein und weißer Wein... laden dich ein“.

„Es gibt kein Bier auf Hawaii“

(Paul Kuhn)

Gut so! Dieses Lied hat hier eigentlich nichts zu suchen, stammt aber von einem gelernten Weinkenner. Paul Kuhn hat sich Folgendes dabei gedacht: „Sie fliegen nach Hawaii und wollen Bier trinken? Fliegen Sie doch lieber nach Bottrop und trinken einen guten Wein.“

„Morgen kommt der Weinachtsmann“

(Die Mainzer Schluckspechte)

Ja, der Weinachtsmann, Traum aller Weingenießer. Leider kommt diese Sagengestalt nur sehr selten und bringt schläucheweise Wein für alle, die übers Jahr brav waren.
Er kommt für gewöhnlich an Weinachten oder dem Tag davor, dem Weinseeligen Abend. Stellen Sie ein gutes Stück französischen Käse und etwas Baguette neben den Kamin, damit erhöhen Sie die Chance, eine schöne Flasche anzulocken.

„Wenn das Wasser im Rhein gold'ner Wein wär'"

(Willy Schneider)

... dann würden sich die Menschen in Köln auf ihre Jahrhunderthochwasser regelmäßig freuen. „Leute, wir haben wieder Wein im Keller, kommt alle zum ‚Auspumpen'!" Aber laut Originaltext möchte man ja ein Fischelein sein. Denken Sie da noch mal drüber nach. So schön diese Vorstellung auf den ersten Blick auch erscheinen mag, was meinen Sie, wie lange Sie als dauerbreiter Fisch in einem Fluss mit Berufsschifffahrt überleben würden? Und überhaupt: goldner Wein. Anders ausgedrückt hieße das, Sie müssten Ihr ganzes Leben lang denselben Wein trinken. Irgendwann, das prophezeie ich, wird Ihnen das zum Halse, pardon, zu den Kiemen raushängen. Die Suchtberatungsstellen im Rhein werden bestimmt auch nicht direkt Zeit für Sie haben. Das Schlimmste aber: Besoffene Fische sind kein würdiges Publikum für Sie. Es wäre also besser, wenn Wasser im Rhein wäre und in regelmäßigen Abständen sieben Fässer Wein vorbeitrieben. Dann ließe es sich als Fisch und im Besitz eines ordentlichen Zapfhahns ganz gut leben. Also, singen Sie nicht alles einfach so mit, was sich gut anhört!

„Trink, trink, Brüderlein trink"

(Volkslied)

Auch dieses Lied fällt in die Kategorie der traurigen Weinlieder. Da ist also der Bruder, den man zum Alkoholkonsum animiert. Warum? Nun, man kennt das ja, der Knabe ist von klein auf etwas verstockt. Er spielt gern in Pfützen und trinkt Sanostol. Später hört er dann deprimierende Musik und mit Mädchen will es auch nicht so recht klappen. Jetzt redet die ganze Familie auf ihn ein: „Sei locker, trink einen Schluck, dann klappt's auch mit der Nachbarin!" Der Gute ist dann aber schnell sturzvoll und die Sache mit der Nachbarin geht natürlich fürchterlich in die Hose. Die Totalblamage könnte nur vermieden werden, wenn die Nachbarin ein ähnliches Problem hat und deren Familie ihr geraten hätte: „Sauf, sauf, Schwesterlein

sauf." Na, das wird ja eine schöne Beziehung. Und die Familie ist an allem schuld, die und der Gärtner, wie immer.
Doch dieses Szenario ist, seien wir ehrlich, eher unwahrscheinlich. Da wird jemandem geraten, zu trinken. Wohl deshalb, damit das „Brüderlein" seine Sorgen ertränkt. Aber zeigt man ihm damit wirklich einen Ausweg? Nein, man sollte ihm raten, seine Probleme zu lösen, statt sie zu vergessen. Natürlich kann gemeinsamer Alkoholkonsum auch etwas Schönes sein. Männer glauben, dadurch würden sie enthemmter (statt betrunken) und alle Frauen würden proportional mit steigender Promillezahl schöner.
Frauen denken eigentlich dasselbe.
Aber um diesen Alkoholkonsum, der nur das Eine im Sinn hat, geht es in diesem schönen Lied nicht. Es geht darum, dass der Wein Gefühlsbarrieren sprengt und es uns ermöglicht, wieder zu weinen. Das kann gerade mit einem Bruder etwas sehr Schönes und Befreiendes sein. Auch mit Mutter oder Vater, Tante, Onkel oder auch dem Schwippschwager. Allerdings sollten Sie sich darüber im Klaren sein, dass dieses Verhalten nichts mit dem Leben eines Wein-Liebhabers zu tun hat. Das ist dann reines Privatvergnügen.

„Griechischer Wein"

(Udo Jürgens)

Nicht jeder griechische Wein ist so miserabel wie der von Samos. Es gibt mittlerweile sogar eine Hand voll guter Produzenten. Es schickt sich aber trotzdem nicht, darüber zu singen. Das wollte Udo Jürgens aber auch gar nicht. Das Lied sollte eigentlich „Griechisches Schwein" heißen und das Gyros loben. Die Produzenten sagten jedoch: „Hör mal, Udo, Fleischsongs kommen nie gut an, besing lieber griechischen Wein." Der wortgewandte Udo erwiderte: „Aber der schmeckt doch gar nicht!" So etwas interessiert Produzenten natürlich überhaupt gar nicht: „Udo, wenn du das singst, wird es niemand bemerken." Und Udo Jürgens brach ein, weswegen noch heute mieser griechischer Wein im Supermarktregal steht und sogar gekauft wird. Das sollten wir Udo Jürgens nie, nie, nie verzeihen!

„Es ist schön, ein Kork zu sein"

(Friedel Bodschard)

Ein heikles Thema. Man kann diesen Standpunkt durchaus verstehen, wenn es gilt, einen „Hermitage" zu verkorken, jedoch wäre der Spaß fraglich, wenn man in einer Flasche steckt, die das Pizza-Taxi kostenlos mitgebracht hat. Entscheiden Sie selbst, wie risikofreudig Sie sein wollen.

„Beim Pfälzerwein"

(Elisabeth Janda)

Ein hervorragender Ausgangspunkt, um die körperreichen trockenen Rieslinge und Burgunder dieses Gebiets zu loben. Solche Vorlagen sollten Sie zu schätzen wissen. Je mehr Pfälzer anwesend sind, desto beliebter werden Sie sein.

„Trink mer noch a Flascherl Wein"

(Kurt Adolf Thelen)

Ein Lied für Wein-Proletarier. Sie allerdings würden nie davon sprechen, noch eine „Flasche Wein" zu „trinken". Sie würden davon reden, noch ein Glas Wein einzuschenken oder eine weitere Flasche Wein zu öffnen. Wein wird auch nicht **getrunken**. Wasser, Säfte, Erfrischungsgetränke, Bier, wenn man will auch Wodka oder anderer Fusel, die werden getrunken / gekippt / alle gemacht.

Wein aber wird genossen / verkostet / probiert, oder noch besser: Mit Wein hält man ein Zwiegespräch, man lässt den Wein zu sich reden. Und wenn er ruhig sein soll, **dann** erst trinkt man ihn.

„Schütt die Sorgen in ein Gläschen Wein"

(Willy Schneider)

Ja, genau, schütten Sie die Sorgen dorthin, wo sie hingehören!

Ersäufen Sie Ihre Sorgen, nichts anderes sagt dieses Lied doch. Bringen Sie sie um und am besten gleich noch die kleinen Nachbarskätzchen in einen Sack stecken und hinterher damit! Nein, Weintrinker sind keine Unmenschen, Sorgen werden nirgendwohin geschüttet – aber nicht aus Sorge um die Sorgen. Aus Sorge um den Wein! Mit Sorgen schmeckt der direkt nur halb so gut, wenn überhaupt. Weingenuss, genau wie das gepflegte Weingespräch, sollten stets in sorgenfreier Runde stattfinden. Weintrinker mögen arrogante, angeberische, besserwisserische, schlicht unangenehme Zeitgenossen sein, aber ihre Sorgen lassen sie da, wo sie hingehören. Beim Ehepartner. Also schütten auch Sie Ihre Sorgen nicht in ein Gläschen Wein, trinken Sie ihn lieber einfach so, wie er ist, und geben Sie mit Ihrem gut vorgetäuschten Wissen an. So, wie es sich gehört und wie es alle machen.

„Frauen und Wein"

(Rudi Schuricke)

Ein Thema, das ganze Königsgeschlechter beschäftigt hat und zu dem es viele, viele Lieder gibt. Rudi Schuricke aber schrieb das schlechteste. „Frauen und Wein", das ist – ich hoffe Sie nehmen mir das nicht übel, meine Damen – eine explosive Mischung. Vermischt man die beiden, erhält man etwas, das leicht hochgehen kann, manchmal auch nur Schaden an Gläsern anrichtet. Das Thema „Männer und Wein" wird in einem späteren Buch behandelt werden...

„Rot ist der Wein"

(Ivo Robic)

Dieses Lied zeigt nur, dass Ivo Robic keine Ahnung von Wein hat. Wein ist natürlich nicht rot. Er ist ebenso durchsichtig, strohfarben, golden, mit grünen Reflexen, lachsrosé, himbeerfarben. Und wenn er rot ist, ist er auch nicht rot. Dann ist er ziegelfarben, tintig, kirschrot, mit violetten Reflexen, orangem Rand und so weiter. Wer die Farbe eines Weins mit „rot" beschreibt, sollte den Raum verlassen. Rot ist eher eine Weingruppe als eine Weinfarbe. Wenn Sie sagen „Das ist aber ein roter Wein", wird niemand um Sie herum applaudieren, niemand wird Sie bewundernd anschauen, keiner gibt Ihnen ganz impulsiv einen leidenschaftlichen Kuss. Achselzucken ist das Netteste, das Ihnen passieren kann. Und zu Ivo Robic: Glauben Sie, so sieht ein Weinkenner aus? Bei allem Respekt für den Mann aus Jugoslawien, dazu taugt er nun doch nicht.

„Rot ist der Wein"

(Heino)

Singt auch Heino (zur Melodie von „Spanish Eyes"). Aber ihm dürfen wir das nicht so übel nehmen wie Ivo Robic. Mal ehrlich, wenn Sie stets eine dunkle Sonnenbrille trügen, würden Sie auch jeden Weißwein für einen Roten halten. Daraus ergibt sich für Sie die folgende Lektion: Tragen Sie niemals eine Sonnenbrille bei einer Weinprobe! Sie behindern sich selbst und sehen aus wie Heino.

„No Bier, no Wein, no Schnaps"

(Gus Backus)

Gus Backus ist ein sympathischer Kerl. Der Mann, der uns großartige Lieder wie „Das kleine Wunder vom großen Glück", „Brauner Bär und weiße Taube", „Alle Schotten sparen" und natürlich das unvergessliche „Mein Schimmel wartet im Himmel" geschenkt hat, bringt den philosophischen Kern aller Abstinenzler kongenial auf den Punkt. Was sollen Sie davon halten? Sie könnten das Lied natürlich umdichten, es gibt genug Alkoholika, die anstatt „No Wein" einsetzbar sind, vom Himbeergeist bis zum Schlehenlikör. Aber was, wenn das Lied aus den Boxen ertönt und alle den Text hören? Wie sich dann verhalten? Ganz einfach, lassen Sie den Mittelteil einfach weg! Legen Sie demonstrativ den Finger vor den Mund und grölen dann umso lauter „No Schnaps", zeigen Sie, wie viel Humor Sie haben! Wir Weintrinker sind schon ein lustiger Haufen. Und wenn Sie Gus Backus sehen, zögern Sie nicht, ihm gehörig einen Satz heißer Ohren zu verpassen. Er wird schon wissen warum.

„Spanischer Wein"

(Christian Anders)

Ein, vom musikalischen Standpunkt aus gesehen, zu Recht völlig unbekanntes Lied. Wie überhaupt alle Christian-Anders-Lieder es verdient hätten, völlig unbekannt zu sein. Aber er besingt hier immerhin den spanischen Wein und der hat es durchaus verdient – zumindest viel mehr als der griechische!

„Ja, ja, der Moselwein"

(Volkslied)

Mosel-Saar-Ruwer – das Filetstück unter den deutschen Weinanbaugebieten. Erwähnen Sie einfach die restsüßen Rieslinge und Sie befinden sich auf der sicheren Seite. Ein klassisches deutsches Weinlied – eine klassische Vorlage. Hier können Sie nur noch gewinnen. Tun Sie es elegant, zelebrieren Sie es!

Acht grosse Momente für Wein-Liebhaber

1. Evangelische Kirchen

Leider bietet sich diese hervorragende Möglichkeit nicht allen. Denken Sie ruhig mal über eine Konvertierung nach. Machen Sie sich die Situation deutlich: Ein großer Raum, eine Menge Leute und alle trinken denselben Wein. Sie **müssen** diesen Wein einfach kommentieren. Und am besten machen Sie ihn schlecht. Sie müssen dafür gar nicht laut sprechen, bei der Kommunion reicht ein deutlich vernehmbares Raunen.

Wenn der Wein wirklich schlecht ist, sollten Sie sich nicht um die Lautstärke scheren. In der Kirche wird ein schlechter Wein serviert! Sie zahlen sich an Kirchensteuern das Portemonnaie wund und dann diese Plörre! Das ist ein Skandal! Sagen Sie das ruhig oder besser: Brüllen Sie es. Die Architektur bietet hervorragende Möglichkeiten. Lassen Sie den Schmerz raus! Spucken Sie den Wein dem Priester demonstrativ vor die Füße. Das ist im wahrsten Sinne des Wortes eine „himmelschreiende" Unverschämtheit. Merken Sie sich den genauen Wortlaut! Schreien Sie mit schmerzverzerrtem Gesicht, zum Beispiel „miserabler Jahrgang". Aber werden Sie nicht zu plump. Sie sind in der Kirche. Wahren Sie Anstand und Würde. Brüllen Sie lieber „Da hätten Sie nicht dran sparen brauchen!" – damit haben Sie alle auf Ihrer Seite. Man wird Sie als Weinkenner und als sozialen Reformer achten und ehren. Um Ihre Darstellung noch glaubwürdiger zu machen, sollten Sie den Wein auf jeden Fall schlürfen, dezent, bewegen Sie ihn dann gut sichtbar in Ihrem Mund. Wenn möglich, nehmen Sie einen Weg zum Ausgang, den niemand anders geht – Sie brauchen die Bühne für sich. Schlagen Sie – falls das möglich sein sollte – die Tür hinter sich zu. Draußen brüllen Sie dann noch einmal aus Leibeskräften „Wie kannst du das nur zulassen, Gott?" Wenn Sie Glück haben, müssen Sie danach nie wieder Kirchensteuer zahlen.

2. SCHIFFSTAUFEN

Wann immer es eine Schiffstaufe gibt, gehen Sie hin! Ein riesiges Publikum, das mit allem Möglichen rechnet, zum Beispiel mit einem zerbrechenden Schiff oder einer nicht zerbrechenden Champagnerflasche, aber sicherlich nicht mit dem, was Sie jetzt vorhaben. Diese denkwürdige Aktion erfordert etwas Vorbereitung. Sie müssen schauen, dass Sie einen Platz ergattern, von dem aus Sie mit dem Kopf den Rumpf des Schiffes erreichen. Das ist fast ausschließlich nahe dem Kiel möglich, unter Umständen müssen Sie sich als Hafenarbeiter verkleiden. Schütteln Sie nicht den Kopf, die Sache ist es wert! Irgendwann werden Sie es über sich scheppern hören, jetzt heißt es nur noch den eigenen Ekel überwinden und Sie sind am Ziel. Warten Sie, bis der Champagner herunterfließt. Lecken Sie. Es mag eine ungewöhnliche Art sein, Wein zu probieren, aber es ist und bleibt Wein – wie er auf Ihre Zunge kommt, ist im Endeffekt egal. Aus eigener Erfahrung kann ich Ihnen sagen, dass folgender Satz am wirkungsvollsten ist: „Wir brauchen eine neue Flasche. Die hier hatte Kork!"

Was beweisen Sie damit? Dass Sie die Sache ernst nehmen. Und glauben Sie mir, wenn es irgendwen auf dieser schönen runden Welt gibt, der abergläubisch ist, dann Seeleute. Ein Schiff, das mit einem korkigen Wein getauft ist, kann nicht anders, als direkt nach dem Stapellauf untergehen. Man wird Ihnen danken, vielleicht wird man sogar das Schiff nach Ihnen benennen oder Sie in Gold als Bugfigur nachbilden, das kommt ganz auf den Reeder an. Bis heute halten sich Gerüchte über die Flasche, mit der die „Titanic" getauft wurde. Man munkelt etwas von Essigstich.

3. Bad im Champagner

Hier kann man nicht anders, als ins Schwärmen geraten. Sicherlich der schönste Moment für einen Wein-Liebhaber, leider auch einer der seltensten. Entweder der HERR hat es gut mit Ihnen gemeint und Sie sind durch Geburt oder günstige Gehaltspolitik stinkreich oder aber durch sechs Zahlen (plus Zusatzzahl), die Sie im Suff auf irgendsoeinen komischen Zettel gekritzelt haben. Wie dem auch sei: Sie haben Geld. Genug, um sich eine Palette Jahrgangschampagner zu kaufen. Und sich ein teures Hotelzimmer anzumieten. Die Wahl dieser beiden Notwendigkeiten sollte nicht schwer fallen und ist auch nicht wirklich wichtig, nehmen Sie einfach das teuerste. Wichtiger ist die Wahl Ihrer Begleitung. Der Mann / die Frau, die Sie als Publikum erwählen. Bei dieser Aktion können leider nicht mehr dabei sein, die entsprechende Person sollte den Aufwand also wirklich wert sein. Lassen Sie den Champagner von irgendeinem Hotel-Lakaien in die Wanne füllen, Sie werden sich wundern, wie viel da reinpasst. Dann sollten Sie mit Ihrem Partner, den Sie mal so richtig auf die allerfeinste Art beeindrucken wollen, in die Wanne steigen. Jetzt muss es schnell gehen, sonst bekommt der Champagner einen schalen Geschmack (Bläschen hat er zu diesem Zeitpunkt eh kaum noch). Trinken Sie aus der Wanne, inwiefern Sie das mit einem neckischen Spielchen verbinden, bleibt Ihnen überlassen. Der Fantasie sind keine Grenzen gesetzt. Trinken Sie ausgiebig, Champagner muss immer in großen Schlucken verkostet werden. Dann sehen Sie Ihrem Gegenüber tief in die Augen und sagen: „Ich habe diesen (z.B.) 1990er Grand Année von Bollinger schon häufig genossen, aber noch nie hatte er ein so delikates Aroma wie heute. Ich kann diesen Champagner nie wieder ohne dich trinken.“ Niemand kann diesem Kompliment widerstehen. Selbst wenn der Papst mit Ihnen in der Wanne säße, dieser Abend würde unvergesslich.

4. Pralinen

Ab und an kommt ein Wein-Liebhaber in die undankbare Situation, absolute Wein-Nullen beeindrucken zu müssen. Das Problem dabei ist, dass diese nicht wissen, dass sie welche sind. Eine Regel bei Weintrinkern ist, dass jeder, aber wirklich jeder, der jemals mit seinem Gesäß ein Glas Weinschorle am Nachbartisch umgeschmissen hat, meint, er sei der größte Weinkenner, der je auf der Erde gelebt hat. Diese törichten Narren! Das sind natürlich Sie! Also handeln Sie auch so, seien Sie arrogant. Stellen Sie sich folgende Situation vor: Sie sind bei Freunden eingeladen, die so überhaupt keinen Geschmack haben, weder was Einrichtung noch Essen und erst recht nicht, was Wein angeht. Das haben die aber irgendwie noch nicht begriffen. Ändern Sie es. Was es in jedem dieser geschmacklich heruntergekommenen Haushalte gibt, sind Pralinen mit alkoholischem Inhalt, ob mit Kirschen, Pflaumen oder ähnlichem Vitamin-Alibi, ist egal. Sie sind irgendwo. Also fragen Sie Ihre Gastgeber danach. Sie werden Ihnen serviert. Essen Sie eine Praline, gehen Sie danach zur Toilette und... Sie wissen schon. Ersparen Sie mir Details. Beim Wiedereintritt ins Wohnzimmer wäre ein Satz wie der Folgende sinnvoll: „Das war überhaupt keine Piemont Kirsche!" Nehmen Sie dann die Packung und schmeißen Sie sie weg. Der nächste Schritt ist sehr subtil, fragen Sie Ihre Gastgeber nur, wer Ihnen diesen Mist geschenkt hat, und raten Sie, die entsprechende Freundschaft zu kündigen. Ihre Gastgeber haben ab nun einen neuen Gott / eine neue Göttin in Geschmacksfragen, und das sind Sie. Und dafür müssen Sie nur eine eklige Praline essen. Auch Wein-Liebhaber müssen Opfer bringen. Die Welt ist nicht perfekt.

5. Henkersmahlzeit

Diese Chance bietet sich leider nur Weintrinkern in den USA oder anderen unzivilisierten Ländern. Also wandern Sie aus. Einen glorreicheren Abgang werden Sie kaum bekommen.
Begehen Sie irgendein Kapitalverbrechen. Stellen Sie sich dumm, damit Sie gefasst werden. Sitzen Sie Ihre Zeit in der Todeszelle ab. Dann ist es so weit: Lassen Sie sich für die Henkersmahlzeit einen grandiosen Wein kommen. Aber bedenken Sie Ihre Wahl, die Nachwelt wird Sie danach beurteilen! Ihre Wahl sollte auch in Jahrhunderten noch Ansehen haben. Ihre Kinder und Kindeskinder sollten ehrfürchtig nicken können, wenn sie davon hören.
Also wählen Sie einen Klassiker, keinen modischen Schmäh, der übermorgen schon wieder out ist. Also Bordeaux oder Burgund und nehmen Sie einen großen Jahrgang, am besten einen runden. Je runder, desto besser. 1900, 2000 – hervorragend! Für diese Flasche sollten Sie Ihr letztes Hemd (de facto) hergeben. Und wie gesagt: Nur große Namen! Romanee Conti, Mouton Rothschild, Lafite, Latour, Haut Brion etc. Aber nicht Valandraud, Tetre Roteboeuf, selbst nicht Leroy. Wer weiß, was aus diesen Gütern wird? Spielen Sie nicht mit der Ewigkeit!
Was essen Sie dazu? Nichts! Ha! Das setzt dem Ganzen noch das I-Tüpfelchen auf. Sie sind Purist. Falls Sie tatsächlich Hunger haben sollten (da müssen Sie durch), ist allerhöchstens neutrales Weißbrot oder aber ein feinst abgestimmter Käse drin. Aber ohne ist besser. Verweigern Sie feste Nahrung. Und nehmen Sie das letzte Glas Wein mit zum Schafott. Grandios! In Frankreich wird man Ihnen ein Denkmal setzen! Also: Nutzen Sie auch die letzte Chance, ordentlich anzugeben. Es kommt keine bessere mehr.

6. Einweihungsparty

Zu einem solchen Anlass werden oft viele Personen eingeladen, die man noch nicht kennt – die Bühne ist also groß! Kommen Sie etwas später zur Party, um sich den „Wer-kommt-denn-da-noch?"-Auftritt zu sichern. Lassen Sie sich die Wohnung / das Haus zeigen, finden Sie unauffällig heraus, wo die Küche ist. Das ist Ihr Zielort! Überreichen Sie hier Ihr Einweihungsgeschenk – selbstverständlich eine Flasche sehr guten Weines. Berichten Sie laut und ausführlich über Anbaugebiet, Jahrgang, Winzer und Geschmack. Seien Sie ruhig witzig! Sagen Sie, dieser Wein dürfe nicht als Schorle oder Saucen-Abschmecker enden, weil sonst der Internationale Weingerichtshof schwere Sanktionen aussprechen würde. Jetzt ist Ihr Status klar: Sie brauchen keinen Vor- und keinen Nachnamen mehr: Sie sind der Weinpapst!

Es folgt Stufe zwei. Da es mittlerweile Mode geworden ist, einen „guten" Wein zu schenken, wird die Küche voll davon sein. Natürlich sind diese Weine alles andere als „gut". Es sind einfach nur die teureren Flaschen von Aldi oder einem anderen Supermarkt, der auf dem Weg lag. Machen Sie genüsslich einen nach dem anderen runter: Die Leute lieben Verrisse (siehe entsprechende Kapitel) und werden Sie folglich lieben. Wer könnte schon einen so glänzenden Unterhalter mit solchem Weinwissen nicht mögen?

7. Kuchen

Tja, am besten sind immer die Momente, wo es niemand erwartet. Bringen Sie Kuchen mit zu einem abendlichen Weinmenü im Kreise Ihrer Freunde. Als Dessert. Dann sagen Sie (gleichermaßen überrascht und fasziniert): „Das kann ja nicht wahr sein!"
Halten Sie Ihr Stück Torte begeistert in die Höhe.
„So sieht man sich wieder."
Die Gespräche um Sie herum sollten vor Überraschung erstorben sein. Falls noch keiner fragt, was Ihr spontaner Gefühlsausbruch zu bedeuten hat, fügen Sie hinzu:
„Gestern hatte ich dich noch im Glas!"
Jetzt hören Ihnen alle zu – und halten Sie für vollkommen plemplem. Das wird sich ändern. Erzählen Sie, dass Sie gestern Abend noch den Wein eines berühmten deutschen Winzers (wenn möglich ein etwas größeres Weingut, z.B. „Bürklin Wolf") im Glas hatten. Er war schon älteren Datums und Weinstein fand sich am Grunde des Glases. Und nun, oh Wunder, finden Sie diesen Weinstein hier in diesem Kuchen, den Sie in einer sündhaft teuren Bäckerei gekauft haben, wieder. Das wird Ihnen natürlich keiner glauben. Damit diese Aktion funktioniert, bedarf es ein wenig Vorbereitung. Sie müssen ein Päckchen Weinsteinbackpulver da haben, das gibt es von verschiedenen Firmen, manchmal als Öko-Backpulver angepriesen. Das Säuerungsmittel ist dabei Reinweinstein. Es ist natürlich vollkommener Blödsinn, dass dieser von Topweingütern stammt. Aber die Anwesenden haben Ihnen nicht geglaubt, dass Weinstein im Kuchen ist – und Sie haben das Gegenteil bewiesen. Warum sollten Sie nicht auch damit Recht haben?

Am Ende des Desserts sind also alle Anwesenden (außer Ihnen) der festen Überzeugung, Sie könnten Weinstein in einem Kuchen schmecken und sogar bestimmen, von welchem Weingut er stammt.
Ein Triumph!
Und bis auf den Kuchen ein wirklich billiges Vergnügen.
Mit Weingummi würde es vielleicht auch klappen – aber Weingummi ist „uncool". Leider.

8. Polizeikontrolle

Sie hören die Stimme des Gesetzes: „Allgemeine Verkehrskontrolle. Führerschein und Fahrzeugpapiere bitte. Haben Sie Alkohol getrunken?" – „Nein, nicht getrunken, gesoffen!" Brüller! Haha! Sehr witzig! Das sagen Sie natürlich nicht. Denn Sie haben tatsächlich (gegen alle Regeln!) Alkohol konsumiert und die Anzeige auf dem Testgerät zeigt dies auch. In diesem Moment gibt es zwei Möglichkeiten. Entweder sind Sie auf eine „Wein-Banause" getroffen oder einen Uniformierten, der einen guten Tropfen zu schätzen weiß. Gehen Sie auf jeden Fall in die Vollen! Sagen Sie, Sie hätten einen Mouton-Rothschild, Jahrgang 1945 trinken dürfen. Schwärmen Sie in den höchsten Tönen davon. Sagen Sie frank und frei, dass Sie gar nicht anders konnten als mittrinken, denn die Chance, diesen Wein noch einmal über den Gaumen lustwandeln lassen zu können, wäre geringer als ein Strandurlaub in Grönland. Winken Sie den Wachtmeister freundlich zu sich heran und hauchen Sie ihm direkt ins Gesicht: „Spüren Sie dieses Bouquet? Einmalig, oder?!" Sollte der Polizist Kenner sein, wird er Ihre Gründe verstehen und Sie davonkommen lassen. Und das alles mit dem guten Gefühl, jemanden kennen gelernt zu haben, der einen 45er Mouton trinken durfte.

Sollte der Wachtmeister aber unbeeindruckt bleiben, lassen Sie auf jeden Fall den Wein genauestens im Protokoll vermerken. Ihre zweite Chance ist nämlich der Verkehrsrichter – diese Berufsgruppe steht einem guten Wein stets wohlwollend gegenüber. Sie sitzen praktisch schon wieder in Ihrem Wagen auf dem Weg zur nächsten Weinprobe!

Andere Getränke kurz und knapp

Sie können nicht immer Wein trinken oder genauer (erste goldene Regel) nicht immer Wein nicht trinken. Deshalb ist es unerlässlich, Wissen über andere Flüssigkeiten anzuhäufen. Alkoholisches ist grundsätzlich zu meiden, darüber reden sollten Sie aber können. Nichtalkoholischem ist nicht zu trauen – was passiert mit Bakterien und Keimen, wenn sie nicht vom Alkohol abgetötet werden?

Apfelsaft

Apfelsaft trinken Sie bitte nicht. Denn um was handelt es sich letztendlich? Um Unvergorenes! Ein solches Getränk steht auf der Evolutionsleiter deutlich unter dem Wein (und selbst unter dem Bier). Wenn Sie schon Apfelsaft trinken müssen, aus schlechter Angewohnheit oder weil Sie ein Handelsvertreter dafür sind, trinken Sie wenigstens Apfelsaftschorle. Das ist zumindest sportlich-schick. Auch wenn Weintrinker meist alles andere als sportlich sind. Aber wenn's unbedingt sein muss, dann wenigstens lieber sportlich als gesund.

Armagnac

Armagnac ist hervorragend. Er ist teuer, schwer zu bekommen und kaum einer weiß, was es ist. Für Sie also wie geschaffen! Armagnac wird hergestellt wie Cognac, kommt aber von woanders. Ein weiterer Unterschied zum Cognac ist, dass Armagnac von vielen kleinen, individuellen Erzeugern produziert wird. Eine Menge davon stellen grauenhaftes, alkoholisches Zeug her. Und selbst die Guten werden erst nach Jahrzehnten der Lagerung richtig gut. Also kaufen Sie bloß keinen billigen! Und keinen jungen! Ach, am besten kaufen Sie überhaupt keinen.

Baileys

Siehe Cocktails

Batida de Coco

Siehe Cocktails

Bier

Überraschung! Bier ist okay. Das hätten Sie jetzt nicht gedacht, oder? Aber es stimmt. Das liegt an den Weinjournalisten. Eine der beliebtesten Fragen, die ihnen gestellt wird, ist: „Trinken Sie auch Bier?" Die Antwort lautet: „Nach einer langen Weinprobe gibt es am Abend nichts Schöneres als ein Helles." Und Recht haben sie. Verkosten Sie also ruhig Bier – aber immer erst nach dem Wein. Der erste Griff muss weiterhin der 0,75-Liter-Flasche gelten.

Calvados

Die Sache ist einfach. Apfelsaft ist nicht okay. Cidre ist okay. Calvados ist sehr okay. Denn Calvados ist destillierter Cidre, der wiederum vergorener Apfelsaft ist. So weit alles klar?
Nach der Destillation wird das wasserklare Destillat in Eichenfässern gereift und erhält dadurch seine Farbe. Der beste Calvados stammt aus dem Pays d'Auge, dessen Cidre oftmals zu 9% aus Birnenmost besteht, um den Aromenreichtum zu erhöhen. Eine Information, die stets beeindrucken wird. Der älteste Calvados ist – genau wie bei Cognac und Armagnac – der beste, also Ihre erste Wahl. Zur Info: Ein Calvados muss mindestens zwei Jahre reifen, nach vier Jahren Reifezeit darf er sich VSOP, nach fünf bzw. sechs Jahren XO bzw. Hors d'Age nennen. Sie trinken nur das Teuerste oder lassen es bleiben.

Cidre

Vergorener Apfelsaft. Das ist zwar nicht so gut wie Wein, aber immerhin. Sie dürfen ruhig zugeben, dass Sie das verkosten. Natürlich nur Produkte von kleinen Erzeugern aus der Normandie und natürlich nur trockenen Cidre und natürlich nur im Sommer. Aber ansonsten geben Sie es ruhig zu. Das ist schon okay.

Cocktails

Nein. Jegliche Vermischung von Getränken widerspricht dem Reinheitsgebot. Wenn Gott gewollt hätte, dass es so etwas gibt, hätte er es auf Bäumen wachsen lassen. Hat er aber nicht. Das ist was für Schickimickis, aber nicht für Sie.

Cognac

Nein. Ein ganz klares Nein. Nicht nur wegen der verheerenden Fernseh-Reklamen. Das Image von Cognac ist unwiederbringlich zerstört. Trinken Sie lieber Armagnac (siehe dort). Fast aller Cognac wird von großen Unternehmen produziert. Und diese schneidern ihn so, wie der Markt es wünscht. Oder besser: wie sie glauben, dass der Markt es wünscht. Und das heißt: süß und weich. Natürlich gibt es noch Erzeuger, bei denen es lohnt, einzukaufen. Das können Sie privat auch gerne tun (allerdings werden Sie viel Geld ausgeben müssen), aber reden Sie nicht drüber. Cognac ist eines der wenigen französischen Getränke, das absolut tabu ist.

Cola

Nicht trinken. Was noch schlimmer wäre: mischen. Wenn Sie Wein mit Cola mischen, brauchen Sie sich in Weinkennerkreisen nicht mehr blicken zu lassen. Dies entspricht der Erb-, Tod- und Kardinalsünde in einem. Cola ist der Feind, alles wogegen Genießer kämpfen. Ein industriell hergestelltes Produkt aus künstlichen Aromen. Und wer sich mit dem Feind verbrüdert, ist auch Ihr Feind. Reden Sie nicht mit Menschen, die Cola trinken.

Grappa

Aber sicher! Denn was ist Grappa anderes als destillierte Traubenrebrückstände, auch Trester genannt? Und alles, was mit Wein zusammenhängt, ist gut!

Kaffee

Ist erlaubt. Mahlen Sie aber bitte selbst. Vergessen Sie nicht, der Weintrinker ist ein allumfassender Genießer, Freund alles Guten und Wahren. Ihr Kaffee sollte also nicht von einer der großen Ketten kommen. Wenn Sie in einer Stadt leben, schauen Sie sich nach einem kleinen Kaffeeladen um, ansonsten müssen Sie Ihren Kaffee halt ordern. Tee ist trotzdem besser. Kaffee trinkt ja jeder.

Korn

Siehe Wodka

Liköre

Siehe Cocktails bzw. Brechmittel

Milch

Aus dem Alter sind Sie raus. Milch nehmen Sie nur in einer Form zu sich. Als Käse. Zu Wein.

Obstler

Siehe Schnaps

Ouzo

Fragen Sie sich selbst: Trinken Weinkenner Anisbranntwein? Wollen Sie wirklich etwas zu sich nehmen, das durch Hinzufügen von Wasser (oder Eiswürfel) weiß ausfällt? Möchten Sie etwas trinken, das, gemixt mit anderen Alkoholika, am nächsten Morgen Ihren Kopf sprengt? Eben.

Port

Darüber dürfen Sie nicht nur reden, Sie sollten es sogar. Jahrelang war Port ein wenig verpönt, weil dieser grandiose Wein häufig eine feine Süße aufweist. Und süß galt lange als Charakteristikum von Weinen der Arbeiterklasse. Der Spätlese für einsfuffzich sei dank. Den Briten war das schon immer egal, sie lieben ihren Port, vor allem zu Blauschimmelkäse wie Stilton. Weil das so ist, gehören

ihnen auch eine Menge der Portweinhäuser – also der Produzenten – im schönen Portugal. Einige großartige Port-Jahrgänge haben nun auch die Deutschen und den Rest der Welt aufgeweckt und plötzlich wird er wieder geschätzt und gekauft.
Und wird teurer...
Das Problem: Port muss reifen. Lange. Anstatt Ihr Geld also für einen der tollen neuen Jahrgänge auszugeben, den Sie vielleicht niemals in Ihrem Leben trinken oder anderen anbieten, also: mit dem Sie andere beeindrucken können, sollten Sie lieber ältere Jahrgänge kaufen. Das beeindruckt zum einen viel mehr, zum anderen haben Sie was davon.

Rum

Rum ist genauso gut wie Whisky. Rum kling nach Seeräubern, Abenteuern und Ferne, klingt aber auch nach einem klassischen Erzeugnis, Sie trinken natürlich nur die besten Zuckerrohrschnäpse. Entweder (bei Melasse-Rum) den tief dunklen „Anejo", der jahrelang, manchmal sogar jahrzehntelang reift. Oder (bei Rum aus frischem Zuckerrohrsaft) „Rum Vieux" oder „Hors d'Age", auch der durfte lange Zeit reifen. Eine grobe Unterscheidung müssen Sie drauf haben: Melasse-Rums haben ein leichtes, teilweise sogar recht intensives Vanille-Aroma und sind im Geschmack runder und gefälliger als die Rums aus frischem Zuckerrohr. Diese „Rum Agricole" haben gegenüber dem Melasse-Rum ein frischeres, fruchtigeres Aroma, das auch bei langer Lagerung erhalten bleibt. Das ist jetzt eine Menge Info und so was wollen Sie eigentlich nicht, ist schon klar, aber Sie dürfen vor Arbeit nicht zurückschrecken.

Schnäpse

...die hier nicht stehen, sind nicht der Rede wert. Es gibt zwar immer mehr engagierte Brenner in Deutschland, die mittlerweile tolle Produkte zu nicht mehr ganz so tollen Preisen haben, aber bisher ist das noch nicht richtig durchgedrungen. Also scheren Sie sich nicht darum.

Sherry

Sherry ist nicht wirklich „in" und nicht wirklich „out". Das Interessante: Es gibt kaum ein alkoholisches Getränk, von dem so gute Qualitäten zu so niedrigen Preisen zu bekommen sind. Die Nachfrage fehlt einfach.
Es gibt unterschiedliche Arten von Sherry, Alter und Süßegrad betreffend, und alle sind für irgendwas (also Speisen) zu gebrauchen. Verkosten dürfen Sie Sherry auf jeden Fall, darüber reden auch, aber sagen Sie: „Ich interessiere mich schon seit Jahren für Sherry, hatte aber noch nie Zeit, mich eingehend damit zu beschäftigen." Damit finden Sie sich garantiert in guter Gesellschaft und alle werden Ihre Offenheit zu schätzen wissen.

Tee

Alles, aus dem man eine Wissenschaft machen kann, ist in Ordnung. Also auch Tee, denn da gibt es First Flush, Second Flush, Powder, da gibt es indischen und chinesischen, grünen und schwarzen, aromatisierten und Früchtetee, Mischungen (also etwas wie Cuvées bei Weinen). Hervorragend! Das Problem ist nur, wenn Sie Tee trinken, müssen Sie auch mitreden können, ansonsten sehen Sie aus wie der stinknormale Hagebuttenteebeuteltunker (auf einer Stufe mit dem schon legendären „Warmduscher" zu sehen). Dafür müssten Sie entsprechende Bücher konsultieren und sich durchtrinken. Das kostet Zeit und Geld. Lassen Sie es also lieber bleiben. Die Zeit haben Sie nicht, schließlich müssen Sie über Wein reden.

Tequila

Okay. Den folgenden Teil sollten Sie nur lesen, wenn Sie wirklich interessiert sind. Sie fragen sich natürlich, warum Sie interessiert sein sollten. Lesen kostet schließlich Zeit und ist schlecht für die Augen. Die entscheidende Information zu Tequila ist: Er wird immer seltener und teurer werden. Also machen Sie sich jetzt den

Keller voll. Warum wird dies geschehen? Weil es nicht genug der blauen „Agave Tequilana Weber"-Pflanzen gibt, aus denen er hergestellt wird. Jetzt sagen Sie: einfach neue pflanzen! So einfach ist das aber nicht. Tequila darf nur in Mexiko in fünf dafür ausgewiesenen Regionen produziert werden. Alle anderen Agaven-Destillate müssen sich Mezcal nennen. Sie trinken so was nicht – schließlich ist es nicht das Original –, sondern stattdessen lieber die außergewöhnliche Agaven-Spezialität „Sotol". Die wird aus einer Wild-Agavenart der Chihuahua-Wüste hergestellt. Und wenn Sie „normalen" Tequila kaufen, dann zumindest „Reposados" oder noch besser „Anejos", die länger lagerten. Zurück zur Blauen Agave, die benötigt acht bis zwölf Jahre zur Reife, dann wird sie ausgegraben, das bis zu 90 Kilo schwere Herz geschnitten und bis zu 36 Stunden in Öfen gegart. So kommt der Saft raus, der dann vergoren und zweimal destilliert wird. Sie trinken natürlich nur Flaschen mit Aufdruck „100%-Agave-Tequila", denn nur diese Tequilas werden ausschließlich aus Agavensaft und natürlicher Gärhefe hergestellt. Alles andere ist gemixt. Also ein Cocktail.

Wasser

Aus Wasser machen manche eine Wissenschaft. Mittlerweile gibt es sogar Wasser-Führer, in denen verschiedene Qualitäten besprochen und bewertet werden. Gemunkelt wird auch von Wasser-Bars in den großen Metropolen unseres Planeten (wahrscheinlich direkt neben den Sauerstoffbars...). Trinken Sie stets stilles Wasser zum Wein – aber nur zum Neutralisieren! Mal ehrlich, Wasser schmeckt nach nichts, maximal, wenn man Glück hat, vielleicht nach Wasser, aber sonst nichts. Deshalb befassen Sie sich ja auch mit Wein.

Weinschorle

Niemals. Ein bisschen schwanger geht nicht. Dann lieber Wasser.

Whisky

Das ist ein Getränk, über das sich hervorragend reden lässt, auch wenn es eigentlich nur destilliertes, profanes Bier ist. Der Vorteil des Whiskys: Er hat einen guten Ruf, ist teuer und seine Welt ist sehr übersichtlich. Ernsthaft reden muss man nur über schottischen Whisky (vergessen Sie Bourbon, das ist Mais-Quatsch), dann gilt es sich einige Namen der besten Produzenten zu merken (The Macallan, Highland Park, Lagavulin, Ardbeg, Springbank) und schon ist man da. Um es sich noch einfacher zu machen, sprechen Sie stets von einer Vorliebe für Islay-Whisky (ausgesprochen I-la). Diese stammen alle von der gleichnamigen Hebriden-Insel und sind für ihren torfigen, rauchigen Charakter bekannt. Der normale Whiskytrinker weiß sie erst nach Jahren zu würdigen. An dem Punkt sind Sie natürlich schon längst angekommen! Wenn Sie ein zweites Standbein suchen, hier haben Sie es gefunden!

Whiskey

Kommt aus Irland oder den USA oder sonst woher. Existiert also eigentlich gar nicht.

Wodka

Wenn Sie blind werden möchten, nur zu. Wenn Sie ein Getränk genießen wollen: Bitte weitergehen.

Vermeintlich unnötiges Wissen

Der erste Winzer

... war Noah. Da hätten Sie jetzt aber auch selbst drauf kommen können. Nachdem er zwei von jeder Art auf seiner Arche trocken gehalten und wieder an Land zurückbefördert hatte, fing er sofort an, Wein zu pflanzen. Dem Weinkonsum sprach er der Bibel nach auch ausgiebig zu. Hatte halt noch nichts von den Todsünden gehört.

Der älteste Wein der Welt

... lagert in Deutschland! Genauer gesagt in der Pfalz, noch genauer im Weingut Dr. Bassermann-Jordan. Trinken sollten Sie ihn aber nicht mehr. Er soll aus dem Jahr 100 n. Chr. stammen. Die kleine Phiole mit dunklem (trockenem) Weinrest unter einer Harzschicht stammt aus einem bayrischen Kindergrab. Der Wein hat sich besser gehalten als die Leiche. Was sagt uns das?

Die erste Trockenbeerenauslese

... sollten Sie niemals erwähnen. Trockenbeerenauslesen, das sind die Spitzen des deutschen Weinbaus, die „flüssigen Früchte" unseres Landes, die niemand weltweit so hinbekommt. Schade nur, dass die erste TBA (so kürzt das der Kenner ab) aus Österreich stammt. Donnerskirchen im Burgenland kann ein Fass aus dem Jahre 1526 aufweisen, eingeschnitzt darauf das Wort „Trockenbeerenauslese".

Das grösste Weinbauland der Welt

... ist Spanien. Fragen Sie den unstudierten Weinkenner und er wird Italien nennen oder Frankreich. Aber Spaniens Rebfläche steht mit über einer Million Hektar an der Spitze. Das meiste, das produziert wird, ist allerdings des Namens Wein unwürdig.

Deutschlands goldenes Weinzeitalter

... war das 15. Jahrhundert. Zumindest was die Weinbaufläche angeht. 300.000 Hektar waren damals mit Reben bepflanzt, heute ist es knapp ein Drittel. Und das ist gut so, denn Anfang des 15. Jahrhunderts wurde auch im Sauerland, an der Ruhr und in anderen zugigen Gegenden Wein angebaut.

Die älteste deutsche Weinbergslage

... ist die Lage „Glöck" in Nierstein. Im Jahre 724 schenkte ein Frankenherzog sie dem Bistum Würzburg. Schade, dass manche Geschenke aus der Mode kommen. Würde sich gut unter dem Weihnachtsbaum machen.

Das südlichste Weinland der Welt

... ist nicht Südafrika. Auch wenn das aufgrund des Namens angenommen werden könnte. Aber so einfach ist es nicht. In Argentinien geht's hinab bis zum 40. Breitengrad. Neuseeland und Chile kommen nur knapp dahinter.

Das nördlichste Weinland der Welt

... ist Lettland. Bis zum 57. Breitengrad meint man hier, Wein anbauen zu müssen. Dabei könnte man das Land so gut für anderes nutzen. Für Schafe zum Beispiel.

Das nördlichste Qualitätsweinbauland der Welt ist aber Deutschland. Spitzenweine werden nördlicher nicht mehr produziert.

Der grösste Weinbaubetrieb der Welt

... ist in den USA. Wo sonst? Big is beautiful. Und Gallo is very big. Bigger geht es nimmer.

Der steilste Weinberg der Welt

... ist der Bremmer Calmont. Hurra! Der liegt nämlich in Deutschland. Bis zu 76 Grad Gefälle hat der Hang an der Terrassenmosel, 19 Hektar fasst er, die nur per Hand zu bewirtschaften sind. Ein toller Ausblick, wenn Sie schwindelfrei sind. Ansonsten werden Sie nicht mehr aufhören zu schreien.

Der höchste Weinberg der Welt

... liegt in Algerien. Im Anbaugebiet Médéa geht es bis auf 1.300 Meter. Nur 200 Meter weniger weist der höchste Weinberg der Schweiz mit 1.100 Meter auf. Visperterminen heißt der Ort im Wallis, von dem aus die schneebedeckten Gipfel der Alpen zu sehen sind. Die Weine? Trinkbar. Größe ist eben nicht alles.

Die grösste Genossenschaft der Welt

... ist die KWV in Südafrika. Ausgeschrieben heißt sie: Kooperative Wijnouwers Vereniging van Zuid-Afrika Beperkt. Die KWV hat nebenbei auch noch das größte Fass der Welt. Und gleich auch noch den größten Weinkeller. Früher war sie größter Weinproduzent und Qualitätskontrolleur in einem. Für ein solches Monopol würden manche Winzer morden.

Das älteste Weingut der Welt

... findet sich im Burgund. Es ist das der Clergets und datiert – urkundlich belegt – aus dem Jahr 1268. Aber der deutsche Nationalstolz kann dank der Franken intakt bleiben: Das Würzburger Bürgerspital ist nur drei Jahre jünger. Leider, leider ist dieses Wissen unsicher, denn es gibt Weingüter, die eine längere Historie für sich in Anspruch nehmen. Die alle zu widerlegen, wäre mühsam.

Der längste Weinkeller

... misst 35 Kilometer – leider knapp unter Marathon-Distanz. Im 13. und 14. Jahrhundert wurde er in der niederösterreichischen Stadt Retz erbaut. Warum so viel Keller? Irgendwo müssen die Österreicher ja schließlich lachen.

Der grösste Weinbehälter der Welt

... fasst über fünf Millionen Liter, ist aus Beton und Kunststoff, findet sich in Argentinien (Mendoza) und wird nur zum Verschneiden benutzt. Und für olympische Schwimmwettbewerbe.

Die grösste Flasche der Welt

... ist immer unser Bundeskanzler. Sie sollten nach diesem furiosen Witz direkt Ihr Halbwissen hinterherschieben. Die größte Weinflasche der Welt ist aus Zement, 17 Meter hoch, vier Meter Durchmesser und könnte 120.000 Liter Wein fassen. Ist aber keiner drin, sondern ein Weinmuseum. Es findet sich in Griffith (Australien). Ob eine Zementflasche, in der niemals Wein drin war, als Weinflasche durchgeht, ist eine andere Frage. Die sollten Sie dem Besitzer aber lieber nicht stellen.

Das höchste Mostgewicht aller Zeiten

... ist 326 Grad. Der Pfälzer Winzer Emil Bauer brachte den Most 1971 ein. Doch aus dem Most (Rebsorte: Sieger) wurde niemals Wein, dafür müsste er nämlich 5,5 Vol.-% Alkohol aufweisen, aber so weit wollte er einfach nicht gären. Vor lauter Zucker. Süßeren Traubensaft werden Sie nirgends finden.

Die älteste Rebsorte der Welt

... ist die Gutedel. Sie ist in der Evolution der Rebsorten also der Schimpanse. Kann nicht ordentlich aufrecht gehen, nachlässig in der Körperpflege, schlechter Gesprächspartner.
Belegt ist sie bereits 5.000 v. Chr. in Ägypten am Nil. Die haben auch alles getrunken, was sich dreht.

Die grösste Weinverschwendung

... geschah am Bodensee. Im Jahr 1484, der dritte große Jahrgang in Folge war eingefahren worden. Das war zu viel des Guten. Eine Million Liter Wein wurden im Bodensee entsorgt. 1485 verdoppelten sich die Badetouristen. 1486 kam der große Nachdurst.

Der älteste Korkenzieher

... findet sich in England. Oder fand sich dort, denn kein Exemplar ist mehr erhalten. 1681 wird aber ein „Stahlgewinde" erwähnt, mit dem sich Korken herauszwirbeln ließen. Wie man vorher die Korken aus den Flaschen bekommen hat? Gar nicht, weil keine drin waren. Der Korken wurde erst ab Ende des 17. Jahrhunderts für den Weinverschluss verwendet. Vorher nutzte man Stöpsel, Stoff, Harz oder Öl. Oder trank den Wein einfach so schnell wie möglich.

Der tiefste Sektkeller der Welt

... ist der Kupferberg. Also, der Keller dieses Sektherstellers in Mainz. Sieben Stockwerke geht's abwärts. Und was finden Sie dort? Gold...

Schlusswort

Herzlichen Glückwunsch! Sie haben nun alle nötigen Informationen, um ein erfülltes Leben zu führen. Ein letzter Tipp vervollständigt Ihr Wissen. Wenn Sie erfolgreich sind, wird irgendwann unweigerlich die Frage auftauchen, woher Sie so viel über Wein wissen. Antworten Sie mit einer charmanten Lüge:

„Das hab ich in Paris gelernt,
und zwar im Handumdreh'n,
das lernt man sonst in keiner Stadt,
so gut, so schnell, so schön!"

Viel Spaß mit dem Wein!

Zum Autor

Carsten Henn, geboren 1973, ist einer der „Jungen Wilden" unter Deutschlands Weinjournalisten. Sein Sachbuch „Wein – Ein Schnellkurs in 10 Gläsern" führt auf spielerische und genussreiche Weise in die Welt des Weins ein. Seit Jahren schreibt er zudem für diverse nationale und internationale Fachmagazine und sitzt in den Jurys wichtiger Weinpreise.

Daneben ist Carsten Henn auch ein viel beschäftigter Seminarleiter zum Thema Wein. Seine regelmäßigen Reisen zu den wichtigsten Weinregionen der Welt führten ihn 1996 nach Australien, wo er ein Semester an der Adelaider Weinbauschule studierte. Journalismus und Literatur vereinte Carsten Henn in seinem Weinkrimi „In Vino Veritas". Der äußerst erfolgreiche Roman spielt im Anbaugebiet Ahr und wurde mit dem ebenso erfolgreichen Band „Nomen Est Omen" fortgesetzt.

Carsten Henn ist Mitglied der „Fédération Internationale des Journalistes et Ecrivains des Vins et Spiritueux" (FIJEV).

Mehr Infos unter: www.carstensebastianhenn.de